la Corse

Secrets de l'île de beauté

LA CORSE

est une publication de Sélection du Reader's Digest

Création et réalisation : Copyright
Conception graphique : Claire Guigal
Mise en pages : Andréa Le Naour
Coordination : Édith Walter

Avec la collaboration de l'équipe éditoriale de Sélection du Reader's Digest
Direction éditoriale : Gérard Chenuet
Responsable de l'ouvrage : Christine de Colombel
Lecture-correction : Alain Le Saux

REMERCIEMENTS

Le photographe remercie tout particulièrement le service communication de la ville d'Ajaccio
pour lui avoir autorisé l'accès au Salon napoléonien.

CRÉDITS PHOTOGRAPHIQUES

Toutes les photos de cet ouvrage sont de Roland Huitel sauf :
pp. 47 (x4), 78 (en haut à droite), 134 (x2) et 135 (Janine Trotereau),
et pp. 84-85 et 122-123 (Hoa-Qui).

ISBN 2-7098-1410-2

Achevé d'imprimer : mars 2003
Dépôt légal en France : avril 2003
Dépôt légal en Belgique : D-2003-0621-41
Imprimé en Espagne
Printed in Spain

la Corse

Secrets de l'île de beauté

textes de Janine Trotereau,
photographies de Roland Huitel

Sélection du Reader's Digest

PARIS • BRUXELLES • MONTRÉAL • ZURICH

INTRODUCTION

« Kallisté » la très belle, disaient d'elle les anciens Grecs. La Corse d'aujourd'hui n'en ferait pas des parjures tant elle semble encore sauvage et inviolée, même si ses somptueux paysages ont été, depuis longtemps, disciplinés par l'homme. À moins de 200 kilomètres des côtes provençales, elle est toujours cette « montagne dans la mer » que décrivit Ratzel, sans conteste la plus montagneuse de toutes les îles de Méditerranée. Non point tant par la hauteur de ses cimes, dont le point culminant ne se situe qu'à 2 710 m au monte Cinto, que par l'étroitesse de sa frange côtière et par l'insignifiance de la vie maritime qu'elle a connue durant des siècles.

Avec pourtant 1 000 kilomètres de côte, elle a engendré un peuple de rudes montagnards accrochés à ses pentes abruptes, blottis dans des villages perchés tels des nids d'aigle, menant une vie agropastorale dont la mer était exclue. L'insécurité du littoral, régulièrement ravagé par les envahisseurs ou les pirates, et l'insalubrité des plaines côtières marécageuses, infestées d'anophèles porteurs de malaria, expliquent en grande partie que l'homme se soit réfugié en altitude pour s'y mettre en lieu sûr, lui et ses biens, sans toutefois cesser d'observer la mer et d'y entretenir des guetteurs, comme en témoignent encore les tours qui ponctuent régulièrement le rivage, mais sans susciter de vocations de marins, de pêcheurs hauturiers, de découvreurs de mondes. Seuls quelques Corses enlevés par les Barbaresques se feront corsaires, à leur corps défendant.

D'abord établi autour de 500 m, l'homme poussera plus haut encore après l'implantation de la châtaigneraie et le développement de l'élevage transhumant, sans toutefois jamais abandonner les zones basses, par la pratique d'un semi-nomadisme lui faisant occuper la plaine littorale avec ses troupeaux durant l'hiver, avant qu'il ne remonte vers la châtaigneraie et la salubrité des montagnes pendant la saison chaude.

De nos jours, ce rapport s'est inversé. C'est de la mer et des plaines asséchées propices aux cultures, fruitières notamment, que vient la prospérité. L'été, le tourisme y prend une importance extrême, jusqu'à être devenu la première ressource économique de l'île. La majeure partie de la population habite désormais les villes de la côte, jadis citadelles chargées de défendre et de surveiller le pays, tandis que les villages de l'intérieur se désertifient.

Ci-contre : une végétation luxuriante, des montagnes, deux aspects caractéristiques de la Corse que l'on peut admirer du **golfe de Porto.**

SOMMAIRE

LE SUD

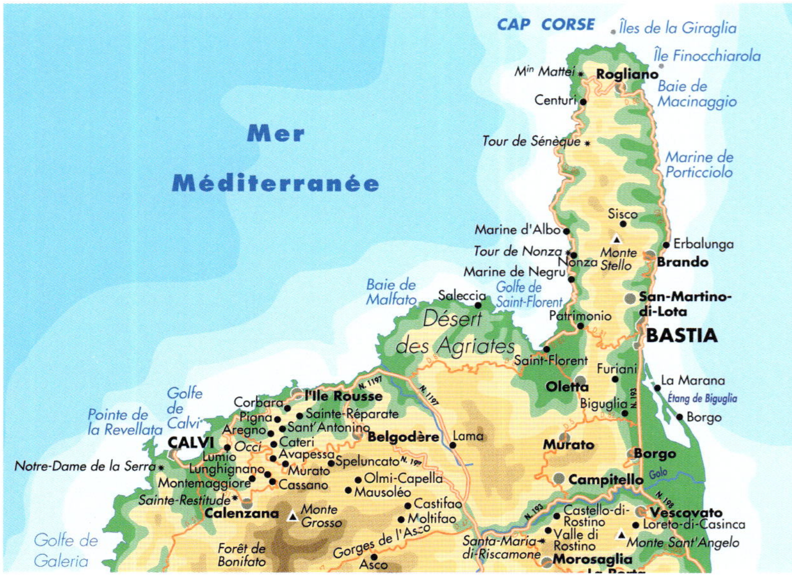

Non loin de Calvi, le village de **Sant' Antonino** se dresse fièrement sur son roc.

LE NORD

Le port de Macinaggio accueille un nombre important de yachts.

Le joli petit village de **Vicinato** se situe dans la région de Calvi.

La citadelle de Calvi occupe un vaste promontoire.

Ce vignoble près de Calvi se pare de ses belles couleurs d'automne.

Sites enchanteurs demeurés vierges de constructions, côte sauvage, criques rocheuses à l'écart du monde, petites marines oubliées font de la Corse septentrionale un univers à part, autant rêvé que bien réel. Il fait bon vivre dans ces villages aux toits de serpentine qui ont conservé leur âme en s'adaptant aux réalités contemporaines. Le tout est ponctué de tours, en sentinelle ici depuis six siècles, mais dont on dit que des centaines auraient connu les Romains.

La grande variété de **fromages de chèvre** est une caractéristique de la Corse.

Le malvoisie est le raisin qui est à l'origine de tous les vins blancs de Corse.

CAP CORSE

Une montagne dans la mer

Comme un doigt effilé long de 40 km pointé vers le continent, le cap Corse est cette longue langue de montagne surgissant de la mer et braquée vers le nord, la première terre corse rencontrée lorsque l'on vient du continent après avoir dépassé la sentinelle dressée en avant-poste qu'est l'îlot de la Giraglia.

Les Cap-Corsins furent de tout temps industrieux commerçants et fiers marins, une exception dans l'île. Aussi, dès l'Antiquité, cette région de Corse fut-elle grandement appréciée – les Romains ne la nommaient-ils pas le promontoire sacré ? –, notamment pour la qualité de ses vins, ce qui est toujours le cas, le vin de Corse cap-corse, bien que couvrant moins de 30 ha, bénéficiant d'une appellation.

Cette ouverture vers l'ailleurs fit du cap un pays très convoité aussi bien par Pise que par Gênes, qui s'y entre-déchirèrent. Mais c'est avec cette dernière puissance – la Superbe – que les Cap-Corsins entretinrent des relations privilégiées tandis que de nombreux Génois s'installaient dans la péninsule. Ces traditions d'accueil liées à une prospérité économique florissante firent du cap, au XVIIIe siècle, une terre hostile aux luttes d'indépendance et, partant, à Pasquale Paoli.

Mais le cap Corse fut aussi une terre d'exil assez peu prisée si l'on en croit l'Histoire et la légende. C'est ainsi que Sénèque, philosophe en butte aux foudres de l'empereur Claude qui n'avait pas apprécié qu'il courtise sa nièce, fut exilé en Corse de 41 à 49. L'auteur en garda un souvenir haineux si l'on se réfère à ses écrits : « Terre horrible où l'on ne voit partout que de vastes déserts. L'automne n'y donne point de fruits, ni l'été de moissons ; le printemps n'y réjouit point les regards par ses ombrages ; aucune herbe ne croît sur ce sol maudit. Là, point de pain pour soutenir sa vie, point d'eau pour étan-

Ci-contre : c'est dans un maquis de lentisques et d'asphodèles que s'incurve **la baie de Tamarone** tapissée de sable.
Page de droite : perché au-dessus de la marine d'Albo, **Ogliastro** est un village typiquement cap-corsin.

cher sa soif ; point de bûcher pour honorer ses funérailles. On n'y trouve que deux choses : l'exilé et son exil. » Une construction ronde y est encore dite tour de Sénèque dans un lieu désolé à souhait mais d'une sauvage grandeur, regardant tout à la fois la Tyrrhénienne et la Méditerranée. Il y a pourtant fort à parier que l'atrabilaire rhéteur ait habité une des colonies romaines qu'étaient alors Aléria ou Mariana plutôt que cet endroit retiré où la tour, médiévale, n'était pas encore construite. Une autre trace de son passage prouve toutefois qu'il éprouvait quelque attrait pour la vie. Il se raconte qu'ayant fortement harcelé une dame, les amies de celles-ci décidèrent de donner une bonne leçon à l'importun. Elles l'attirèrent dans un lieu désert et le roulèrent dans les orties. C'est depuis cette correction-là, dit-on, qu'une urticacée a pris le nom d'*Urtica di Seneca !*

De nos jours, ceux qui débarquent au cap n'y sont pas voués aux orties mais à une terre somptueuse, véritable montagne haute de plus de 1 000 m – monte Stello, 1 307 m – plongeant directement dans la mer. Aux villages perchés en nid d'aigle de l'Ouest s'opposent les marines de poupée au fond de baies minuscules du rivage oriental qui attirent les estivants en mal de soleil faisant fi des tramontane, sirocco, libeccio, grécale et autres vents, qui tous prennent en tenaille la péninsule, lui apportant la fraîcheur et l'humidité bienfaisantes aux cultures.

Ci-contre et ci-dessus : bâtie à fleur d'eau, **la marine de Centuri** accueille dans sa rade de poche les bateaux des plaisanciers aussi bien que les langoustiers et leurs nasses en myrte. Ceux-ci prennent surtout des langoustes mais aussi des daurades, des sars, des rougets, des pagels, des mostelles, des mérous…
Page de droite : les maisons de **Nonza,** comme son église Sainte-Julie, semblent s'agripper à la falaise qui les porte.

Son charme et la faveur des peintres ont valu à **Erbalunga,** implanté au ras de la Tyrrhénienne au pied d'une grosse tour génoise, le surnom de Collioure du cap Corse. Non loin, les fresques de l'église Santa Maria di e Nevi - Sainte-Marie-des-Neiges - sont un autre de ses grands attraits artistiques.

Au nord du petit port de plaisance de Macinaggio, **l'église Santa Maria di a Chiapella** est plantée dans un site sauvage d'où la vue sur les îles Finocchiarola est une des plus belles qui soient. De nombreux hommes illustres sont passés par ce port pour quitter l'île, de Pasquale Paoli à Napoléon Bonaparte.

Au nord-est du cap Corse, **les îles Finocchiarola** offrent un petit univers. Elles sont trois îlots : A Terra, Mezzana et Finocchiarola. Leur grand intérêt faunique fait qu'elles ont été classées en réserve naturelle et que deux d'entre elles ont été achetées par le Conservatoire du littoral. Leur nom est dû à la présence du fenouil sauvage - *finochju* en corse.

Depuis trois mille cinq cents ans, époque où cet archipel s'est détaché de l'île mère, la faune, isolée, a évolué au point de présenter des caractères propres. C'est le cas des phyllodactyles - de petits geckos - et des lézards tyrrhéniens *(Lacerta Tiligerta)*. Ce lieu abrite le goéland d'Audoin dont le seul site de reproduction en France est la Corse.

Il y a une trentaine d'années, **la marine de Porticciolo** comptait une flottille d'une dizaine de bateaux. C'était un port de pêche important du cap Corse, très actif au XIXe siècle et jusque dans les années 1960. Si ce dernier a une activité un peu ralentie aujourd'hui, le cadre n'en conserve pas moins toute sa séduction.

Bâti en belvédère parmi les cultures en terrasse, **Rogliano** est une agglomération de petits hameaux qui se sont réunis, abritant dans son sein trois châteaux forts ruinés, huit sanctuaires – dont l'église Saint-Agnel à laquelle s'intéressa l'impératrice Eugénie –, des tours, des cimetières, faisant de ce village un vrai musée du patrimoine.

C'est l'un des rares moulins à vent de Corse. **Le moulin Mattei** doit son nom à celui qui le restaura au tout début du XXe siècle pour en faire une véritable réclame de ses produits. De là, on embrasse un somptueux panorama sur la mer ainsi que sur le port de Centuri.

Caractéristique du premier âge roman, la chapelle à nef unique **San Michele de Sisco** se dresse, depuis le début du XIe siècle, dans un cadre montagnard, sauvage à souhait. On la rejoint par un sentier escarpé qu'empruntent ceux qui, le 29 septembre, y viennent fêter son saint patron.

Au nord du golfe de Saint-Florent, **la marine de Negru** est toujours marquée de la tour génoise qui en surveillait les abords.

Ci-contre et ci-dessus : **la Torre di Nonza,** une tour édifiée, à l'initiative de Pasquale Paoli, sur une falaise en à-pic, est bien connue pour avoir été assiégée, sur ordre de la France, par Marbeuf et plus de 1 000 hommes. Sommée de se rendre, la garnison ne le fit que sur la promesse que les honneurs lui seraient rendus. Il en sortit... un homme, Jacques Casella, qui tenait seul Nonza.

UNE CEINTURE DE VIGIES

Bien qu'elles soient qualifiées de génoises, les quelque deux cents tours – ou *torri* – qui ponctuent le littoral ne sont pas le fait de la république de Gênes. Pas plus que Pise ne construisit celles, généralement quadrangulaires, pourtant qualifiées de pisanes.

Elles furent érigées par les Corses eux-mêmes qui, au cours des XVe et XVIe siècles, taillèrent, transportèrent et assemblèrent les pierres qui les constituent, mais sous l'égide de la Banque de Saint-Georges, à la fois initiatrice du développement économique de la Corse et à l'origine des exactions commises par des mercenaires à sa solde, chargés de pacifier le pays pour Gênes. Selon le sol qui les porte, elles ont été construites en granite, en calcaire, en schiste. Elles étaient généralement rondes, à créneaux et mâchicoulis, accessibles par une porte située à plusieurs mètres du sol et percées d'étroites ouvertures tournées vers la mer. Elles comportaient un ou deux étages et, fréquemment, un réservoir d'eau de pluie.

Elles permettaient de surveiller attentivement les rivages jour et nuit, et, notamment, les incursions, d'abord des pirates catalans, ensuite des États barbaresques – les *Turchi* comme on les appelait ici –, ces redoutables écumeurs des mers qui hantèrent la Méditerranée durant des lustres. C'est à coups de trompe et par l'allumage de grands feux que le danger était signalé par les gardiens – les *torregiani* –, de tour en tour, chacune étant toujours dans le champ de vision de deux autres. Les informations circulaient vite – on dit qu'il ne fallait qu'une heure pour que toute l'île soit avertie –, ce qui permettait aux populations de se mettre à l'abri.

MONTE STELLO

Le monte Stello est le plus haut sommet du cap Corse. Il culmine à 1 307 m d'altitude et offre l'un des plus beaux panoramas sur une grande partie de la Haute-Corse.

BASTIA

La grande métropole

Métropole économique de la Corse, Bastia doit sa fondation, à la fin du XIVe siècle, aux Génois qui en firent leur capitale à partir du fortin – la *bastia* – édifié sur le roc et qui lui a conféré son nom. Il n'y avait rien là à l'époque, qu'un château à Biguglia.

Située sur la mer Tyrrhénienne face à l'Italie, à quelques encablures des îles d'Elbe et de Montecristo, elle est également installée au débouché d'une des plus riches contrées de Corse, et ce depuis des siècles. Le cap Corse, la Castagniccia, le Nebbio et, aujourd'hui, la grande plaine orientale forte de ses activités agricoles ont contribué à faire de son port le premier de Corse pour les marchandises et l'un des plus importants de France. La ville elle-même, préfecture de la Haute-Corse depuis 1975, est devenue la capitale économique de l'île, le tourisme, première industrie de l'île de Beauté, innervant la ville. Même si les estivants qui débarquent au port – c'est le premier de Corse également dans le domaine passagers – ou à l'aéroport se dirigent ensuite vers des stations balnéaires hors de Bastia, même si cette dernière a aussi ses plages et un vieux port au bord duquel il fait bon déguster les spécialités locales, cédratine, serdelle – sardines –, soupes de poisson, storzapreti – sortes de quenelles au brocciu et aux blettes – ou tripes bastiaises qui valent le détour.

Au cours de son expansion récente, la cité, bloquée d'un côté par une barrière montagneuse – dont le sommet, Serra di Pigno, culmine à 960 m –, par la mer de l'autre, a commencé à s'étirer vers le sud. Aussi, à l'heure actuelle, le Grand Bastia est-il la réunion administrative d'une constellation de petites cités qu'il a absorbées. Ainsi a-t-il englobé Biguglia, qui fut capitale sous la domination pisane et qui demeure un gros bourg perché tandis que s'étale à ses pieds une longue plage de sable bordée

Ci-contre : installé dans l'ancien palais des gouverneurs, **le musée d'Ethnographie corse** présente notamment du mobilier traditionnel et la reconstitution d'un *fucone*.

Planté en belvédère au-dessus de l'étang de Biguglia, **le village de Borgo** est marqué par le haut campanile de son église baroque. C'est là qu'en décembre 1738 se déroulèrent les désormais fameuses « Vêpres corses », une victoire écrasante des nationaux corses contre les troupes françaises sollicitées par Gênes et conduites par le général comte de Boissieux.

C'est à sa couleur, due à un séjour prolongé dans l'eau que **le Christ noir de Bastia,** ou Christ des Miracles, doit une grande part de sa célébrité. Les pêcheurs lui vouent une dévotion particulière.

Commandé par les vestiges d'une tour génoise, **Furiani** est un beau village perché d'environ 4 000 habitants, surplombant l'étang lagunaire de Biguglia renommé pour ses anguilles. Sa principale curiosité est la chapelle Santa Maria Assunta et ses fresques datant du XVe siècle. Édifiée au XIIe siècle, cette chapelle est caractéristique du style roman pisan. À ses pieds se trouve le hameau de San Pancraziu di Furiani, entré dans l'Histoire pour avoir accueilli, en décembre 1730, la réunion des Insurgés du premier grand soulèvement corse qui mit à sac la ville de Bastia. Avant d'embraser toute l'île.

NAPOLEON BONAPARTE

d'eucalyptus, la Marana, et un étang classé en réserve naturelle. On peut y pêcher tout de même l'anguille au cœur de l'hiver.

Furiani, zone économique mais aussi village fortifié de l'ère pisane gardé par une tour dite génoise, renferme des monuments fort intéressants. Pourtant, c'est par son mythique club de football, aux couleurs blanc et bleu, qu'il est reconnu partout en France de la part des amateurs de ballon rond. Ils ne tarissent pas d'éloges sur les exploits légendaires de leurs joueurs favoris.

Borgo, bâti en belvédère face à la mer et dominant l'étang de Biguglia, fut le siège, en octobre 1768, de la dernière grande victoire des paolistes contre les Français. C'est là que Clemente Paoli, frère de Pasquale, encercla et défit les troupes du marquis de Chauvelin. Une plaque est là pour en faire souvenir. Longtemps, une grotte, dédiée à sainte Dévote et censée avoir accueilli les premiers chrétiens, attira les jeunes filles en pèlerinage. Ce n'est plus aujourd'hui qu'une curiosité dans une commune qui est devenue une extension de la ville-capitale, avec ses industries propres, dont une coopérative vinicole.

Mais c'est bien évidemment le tourisme qui reste la première source de revenus ; au grand dam d'une population qui se sent envahie dès que reviennent les beaux jours.

Ci-contre : de **la citadelle fortifiée,** on embrasse un large panorama maritime, jusqu'aux îlots de l'archipel toscan.
Page de gauche et ci-dessus : la façade classique flanquée de deux tours jumelles de **l'église Saint-Jean-Baptiste** marque de sa silhouette caractéristique le quartier du vieux port. À l'intérieur, le contraste est grand tant elle est riche de décors baroques.

Sous ses airs de carte postale d'antan, **le vieux port** possède un charme fou. Sans ses nombreux bateaux de pêche et de plaisance, on pourrait croire à un simple décor posé sur la mer.

L'étang de Biguglia est bien connu des ornithologues. Ils y observent notamment la cisticole des joncs, le bruant zizi et le traquet pâtre qui y nichent. La roselière, elle, est le domaine des rousserolles, de la lusciniole à moustaches et du bouscarle de Cetti. Mais, surtout, on rencontre sur ses bords une fleur rare, l'hibiscus à cinq fruits – *Kosteletzkya pentacarpos* –, inconnue en France continentale.

Avec ses ruelles étroites abritées du vent et du soleil, **la vieille ville – ou *Terra-Vecchia* –** est caractéristique des cités méditerranéennes bien adaptées aux conditions climatiques.

C'est dans **la partie haute de la ville** – appelée *Terra-Nova* – que s'élève la citadelle ceinte de remparts, à l'emplacement où les Génois fondèrent la ville en 1380. Le palais des Gouverneurs qu'elle abrite, signalé par son élégant campanile, était celui des gouverneurs génois qui y résidèrent jusqu'à la fin du XVIIIe siècle. Il renferme désormais le musée d'Ethnographie corse.

C'est sur **la place Saint-Nicolas** que se dresse la statue de Napoléon Ier – figuré en empereur romain – due au ciseau de Lorenzo Bartolini, un disciple de Canova. Ses formes athlétiques en ont étonné plus d'un. C'est la sœur de Napoléon, Élisa Baciocchi, qui, en 1853, la commanda au sculpteur florentin.

Avec ses platanes, ses palmiers et ses cafés, **la place Saint-Nicolas** est un des attraits de la vieille ville, d'autant que cette vaste esplanade s'ouvre largement sur le port. Il est de bon ton d'y flâner car elle est un des hauts lieux de la vie bastiaise. Le style des immeubles qui l'entourent lui donne un petit air toscan.

L'église Santa Maria Assunta de Mariana doit à son ancienne fonction de cathédrale d'être plus connue sous le nom de la Canonica. Cette petite basilique est un chef-d'œuvre de l'art pisan.

Si **la culture du cédrat** – un fruit proche du citron et du pamplemousse – est en forte régression, il existe encore un producteur de cédrat confit, tandis que la confiture de cet agrume trouve toujours force amateurs. Il est toutefois loin le temps où la Corse exportait, vers l'Italie, ses cédrats en saumure. On connaît depuis 1880 une liqueur aux extraits de cédrat, la cédratine, qui est toujours très appréciée.

PATISSERIE CONFISERIE
THALASSA
U CANTARETTU

PORT DE BASTIA

Vu du large, Bastia aligne des immeubles serrés autour du vieux port que surplombe l'ostentatoire façade à fronton triangulaire de l'église Saint-Jean-Baptiste avec ses deux campaniles jumeaux.

BALAGNE

Le jardin de la Corse

Ce fut un véritable verger que la Balagne. Naguère, ses cédratiers, ses figuiers, ses orangers, ses amandiers tout comme sa vigne étaient réputés.

Sise entre un rivage profondément indenté et de hautes montagnes couvertes de forêts aux sommets enneigés, elle est encore le royaume de l'oliveraie. Mais un royaume bien pâle eu égard à ce qu'il était autrefois. Il fournit toutefois la majeure partie des olives traitées dans la seule coopérative oléicole de l'île installée à Corbara. Et des moulins privés les triturent tout comme autrefois, écrasant les drupes sous les lourdes meules de pierre pour en tirer un jus d'or aux remarquables qualités gustatives. C'est que l'huile balanine a de tout temps été très appréciée, notamment en Italie du Nord, où elle était exportée pour sa finesse et sa grande douceur exempte d'amertume. Ce qu'elle doit à la sabena, une variété d'olive très prisée ici, récoltée à parfaite maturité entre les mois de février et de juin. Ne donnait-elle pas quelque esprit aux gens dont on pouvait dire qu'il était *Finu cume l'oliu*, c'est-à-dire « fin comme l'huile » ? La production de l'or de Balagne a partout régressé, mais on assiste aujourd'hui à une replantation d'oliveraies qui présage bien de l'avenir.

Désormais, en raison de l'exode rural et des incendies, la région se consacre prioritairement à l'élevage. Les brebis paissent ainsi sur des terres consacrées jadis au froment. Le brocciu, qui bénéficie d'une AOC depuis le 10 juin 1983, et les fromages de type calinzana, de chèvre ou de brebis, affinés à Calenzana, sont les produits clefs du cru, qui permettent aux agriculteurs de rester au pays.Une autre production importante est celle du miel, de tradition ici. Paul Valéry en faisait déjà le panégyrique, célébrant par la même occasion l'hydromel tiré de ce miel, qu'il appréciait pour son amertume. Mais il en est d'autres, plus doux, et tout

Ci-contre : le village perché de **Montemaggiore** est marqué par son église baroque d'où l'on embrasse un large panorama vers le golfe de Calvi.

Quelle que soit sa variété, **l'olive balanine** est réputée. C'est que l'on est ici dans une région oléicole de tout premier plan, fournissant depuis des lustres une huile d'olive sans amertume, d'une douceur extrême.

Sant' Antonino est sans doute le plus vieux village de Corse. Dressé en nid d'aigle à 500 m d'altitude sur un piton en granite, il déroule ses étroites venelles pentues et ses passages ombreux à l'abri du vent qui, ici, peut souffler avec violence. On y découvre un immense panorama tant sur la plaine et les montagnes que sur la mer.

L'Île-Rousse a été gratifiée de ce nom en raison des rochers de granite rouge qui l'environnent. C'est l'exceptionnelle douceur de son climat qui a fait de L'Île-Rousse une station balnéaire très prisée. Certes, elle est dotée d'une harmonieuse plage de sable, mais c'est surtout son site qui lui vaut la faveur des touristes. Son port, le charme de son architecture, ses cafés, son marché en font aussi l'intérêt et contribuent à son animation. Et elle offre, à seulement quelques kilomètres, les plaisirs dispensés par un arrière-pays riant, riche de son agriculture, de ses villages en nid d'aigle et de sanctuaires qui sont parmi les plus beaux de l'île.

aussi goûteux.

Ce jardin aux paysages d'une grande harmonie, aux villages perchés en nid d'aigle, aux églises romanes et baroques superbes, aux vestiges de *castelli* – les châteaux des anciens seigneurs de Balagne – est une des régions les plus attachantes de l'île. Ses plages en bord de Méditerranée ont été épargnées par les constructions intempestives, ses criques solitaires ont préservé leur aspect originel, ses marines miniatures semblent inchangées depuis des siècles, ses villages perchés de l'intérieur ont conservé leur authenticité. Ce qui laisse augurer d'un tourisme respectueux des paysages.

Les marcheurs l'ont compris. Ils randonnent depuis longtemps au long de sentiers balisés qui les mènent du bord de la mer jusqu'au pied de l'Asto, un mont qui culmine à 1 835 m, cheminant au milieu des oliveraies, puis à travers les forêts, au long de torrents à sec en été. Les villages perchés sur leur crête ponctuent ces parcours de découverte. Un univers de sensations intenses, mais qui demande du souffle !

Ci-contre, en haut : tous les ans, à Calenzana, se déroule **la procession de Sainte-Restitude,** toujours très suivie.
Ci-contre, en bas : à **Speluncato,** si le couvent de capucins était jadis florissant, il n'est plus désormais que ruines.
Ci-dessus : **l'église de la Trinité,** à Aregno.
Page de droite : coucher de soleil sur **L'Île-Rousse**.

Les oliveraies prospèrent entre 10 et 600 m d'altitude, cultivées sur les versants ensoleillés. Les oliviers sont ici des arbres robustes qui peuvent atteindre 20 m de hauteur.

La récolte des olives se fait toujours à la manière ancestrale. On tend des filets au pied des arbres en évitant tout contact avec le sol. Arrivé à très grande maturité, le fruit se détache de lui-même, bien noir et déjà quelque peu fripé. On le ramasse alors rapidement afin qu'il ne soit pas attaqué par des parasites et conserve toutes ses qualités. Il ne reste plus alors qu'à retirer les filets pour les remiser jusqu'à la récolte suivante.

Une fois rassemblées, **les olives sont versées dans de gros sacs** – ou *zanu* – qui seront transportés à dos d'âne ou de mulet jusqu'à l'habitation où elles sont entreposées dans un endroit frais.

On triture encore aujourd'hui les olives dans les **vieux moulins à huile.** Après avoir été passés à l'eau fraîche pour en enlever les impuretés, les fruits sont broyés sous les meules, chair et noyaux mêlés.

Une fois les fruits broyés sous la meule, la pâte ainsi obtenue est malaxée puis placée dans des **scourtins,** disques de Nylon que l'on dispose alors sous la presse. Celle-ci, en exerçant tout son poids, extrait enfin le jus.

Perché sur son pic, le village de **Montemaggiore** est un de ces nombreux villages de Balagne qui peuvent s'enorgueillir de leur église baroque. L'histoire veut qu'il soit la véritable patrie de don Juan, de la famille des Leca qui émigrèrent en Espagne, à Séville, où le fieffé séducteur put sévir tout à son aise.

Le petit village de **Cassano,** qui constitue avec Montemaggiore et Lunghignano une même commune, celle de Montegrosso, est connu pour abriter un remarquable triptyque de 1505 figurant une Vierge à l'Enfant, œuvre d'un certain Simonis de Calvi. Il ornait jadis la chapelle Saint-Alban mais est abrité aujourd'hui dans l'église paroissiale.

Au cœur de la Balagne, **Aregno,** cerné de vergers, est remarquable par la présence d'une des églises les plus représentatives du roman corse. Au centre de son cimetière, l'église est consacrée tout à la fois à san Giovanni et à la Trinité.

L'église d'Aregno, premier bâtiment corse classé Monument historique en 1883, se distingue par la polychromie de ses murs vert et ocre où se mêlent granite et vaugnérite.

Le sanctuaire d'Aregno abrite de rares fresques peintes dans le genre des maîtres siennois, en particulier un Saint Michel terrassant le dragon datant du milieu du XVe siècle.

DES VOIX DANS L'ÎLE

Cantu u populu corsu. Le peuple corse chante, comme a pu l'affirmer un groupe de ce nom, et à plusieurs voix, nul ne peut l'ignorer. Aussi bien à l'église que dans les cafés. Cependant, c'est la version profane, *a paghjella,* qui frappe le plus les esprits, chœur à trois voix d'homme que n'accompagne aucun instrument de musique, dans lequel la ligne mélodique compte bien plus que le texte chanté. Ce dernier peut relever de la complainte amoureuse ou de circonstance, du chant revendicatif, de la satire... Une liberté totale est donnée aux voix dont l'une se charge de l'ornementation, l'improvisation en étant un critère essentiel, tant sur le plan musical que pour le texte en vers octosyllabiques, même si certains sont depuis longtemps fixés. Toutefois, chaque reprise en donne une version nouvelle, reflet de la tradition d'un village, d'un hameau, voire d'une famille. On entre en polyphonie au sortir de l'enfance après avoir entendu durant des années ces chants, notamment lors de joutes entre deux chanteurs chantant en alternance - ce que l'on appelle ici un *chjam'è rispondi* - à l'occasion de fêtes ou de rassemblements.

D'autres chants caractéristiques sont les chants funèbres, dont le *voceru,* qui était l'apanage des femmes. On sait par des récits du XIXe siècle qu'en cette occasion, dans la chambre mortuaire, elles se griffaient le visage, se lamentaient et pleuraient bruyamment, lançant leurs plaintes improvisées et chantées a cappella sans aucune retenue, dans un balancement de tout le corps. Il s'agissait de pleureuses professionnelles formées dès l'enfance et largement condamnées par l'Église. Elles ont aujourd'hui disparu.

La musique polyphonique est de tradition ancestrale. La *paghjella,* un chant d'hommes à trois voix, qui s'exécute a cappella, est peut-être le plus prenant. Les chanteurs sont étroitement rapprochés, chacun ayant généralement la main placée en conque sur l'oreille qui, selon sa position plus ou moins fermée, permet de suivre sa propre ligne mélodique ou d'être attentif à celle des autres.

Chaque année durant la première quinzaine de juillet, un festival de musique, où le chant polyphonique est à l'honneur, se déroule dans différents villages de Balagne et tout autour de Pigna. C'est **Festivoce.**

Ci-contre : fondé par Jean-François et Alain Bernardini, **le groupe I Muvrini** - ce qui signifie « les petits mouflons » - a largement contribué à faire connaître le chant corse hors de l'île.

Dignes héritiers des **muletiers de Sant' Antonino,** certains organisent à partir du village des randonnées à dos d'âne ou de mulet. Aujourd'hui, la production mulassière recouvre en Corse une nouvelle jeunesse, mais il est loin le temps où ces animaux stériles étaient le meilleur moyen de transport de l'île.

Non loin d'Olmi-Cappella, **Mausoléo** a installé ses quelques maisons étagées sur la pente. Ce village est considéré comme l'un des plus vieux de Balagne, bien que son église ne date que du XVIe siècle. Elle renferme une statue en bois de saint Jean-Baptiste qui serait également d'une grande ancienneté.

Ceinte de trois plages au sable fin, **L'Île-Rousse,** fondée par Pasquale Paoli, est devenue une station balnéaire très prisée. Sa place des Platanes est le centre de toutes les activités et son port, le troisième de Corse, voit débarquer des touristes en provenance de Nice, de Marseille et de Gênes.

Dans le typique village balanin qu'est **Cateri,** aux ruelles pentues et aux ombreux passages voûtés entre de hautes et austères maisons, le patrimoine bâti est en grande partie classé, de l'église baroque à la chapelle romane de San-Cesario, un hameau tout proche.

L'église de Sainte-Restitude, proche de Calenzana, a été édifiée sur les bases d'une ancienne nécropole romaine, sur l'emplacement du tombeau de Sainte-Restitude. Le batiment actuel, reconstruit au cours du XIVe siècle, a été prolongé au XVIIIe par un chœur en coupole de style baroque.

Devant **le sarcophage** de marbre de la sainte patronne et martyre corse, reposant en l'église Sainte-Restitude, on vient encore prier, chaque année, au mois de mai. Le martyre de la sainte et de ses cinq compagnons - en 303 - est évoqué par deux fresques exécutées au XIIIe siècle sur le cénotaphe.

C'est un cadre adapté pour la prière que **le couvent de Corbara,** toujours occupé par des dominicains, implanté dans un cadre de verdure à l'écart du village et surplombé par le roc depuis plus de cinq siècles.

Maupassant s'arrêta au **couvent de Corbara.** Un père prédicateur exilé ici le jugea « ignorant des grandes cimes de la vertu et du dévouement ». Pasquale Paoli y séjourna aussi à plusieurs reprises.

Entre Cateri et Murato, surplombant le cours du Regino, le minuscule village d'**Avapessa** dresse son élégant campanile à étages sommé d'un lanternon dans un beau cadre de vergers.

NEBBIO ET OSTRICONI

Une Conque d'or

Jadis si riche qu'il en a gardé le surnom de Conca d'oro - « Conque d'or » - que lui avait conféré Pasquale Paoli, le Nebbio - Nebbiu - intérieur était renommé pour ses fruits, dont les olives et les châtaignes. L'huile était réputée, et était commercialisée vers le continent par le port de Saint-Florent. Les châtaignes assuraient le pain quotidien de ses habitants.

L'élevage y était prospère, bovins dans les zones basses, ovins et caprins sur les hauteurs fournissant lait pour le fromage et viande pour les jours de fête. Les nombreuses bergeries et les murets de pierres sèches délimitant les pâtures, qui subsistent, sont là pour nous le rappeler. La vallée de l'Ostriconi, quant à elle, enchâssée entre Nebbio et Balagne, était estimée pour son élevage bovin, désormais remplacé par chèvres et brebis, et pour ses céréales. Au débouché du fleuve, le désert des Agriates était, lui aussi, zone d'abondance céréalière, au point qu'il fut considéré comme le grenier à blé de la république de Gênes. Son nom d'ailleurs, Agriate, est directement issu du latin *ager, agri* qui signifie champ.

Les choses ont bien changé depuis, et ce nom de désert n'est aujourd'hui en rien exagéré. Les paysages y sont grandioses et mystérieux, « espèce de formidable chaos rocheux d'une quarantaine de kilomètres de long, large à peu près d'une trentaine... », ainsi qu'a pu le définir Pierre Benoit dans son roman éponyme. Nul habitat permanent en ces lieux mais une nature d'une beauté époustouflante. Sa sauvegarde est assurée par le Conservatoire du littoral, propriétaire de quelque 6 000 ha – c'est le cas notamment de la plage de Saleccia où furent

Ci-contre : **Patrimonio** est marqué par le haut campanile de l'église Saint-Martin plantée sur une butte un peu à l'écart.
Page de droite : **la plage de Loto** déroule son sable fin entre les deux promontoires qui ferment l'anse.

tournées les scènes de débarquement du film *Le Jour le plus long* et de l'étang de Loto – et par le classement de l'embouchure de l'Ostriconi.

De nos jours, c'est néanmoins près des côtes que le Nebbio est demeuré un terroir économiquement florissant. En matière agricole, ce sont les vignobles qui sont rois, ceux de Patrimonio donnant les vins d'appellation d'origine contrôlée (AOC) les plus réputés de l'île.

Saint-Florent, blotti au fond de son golfe, n'exporte plus grand-chose. Mais c'est la petite capitale de la région, non plus comme autrefois en tant que débouché sur la mer d'une opulente région intérieure – Nebbio et Balagne – mais comme station balnéaire importante et point de ralliement des plaisanciers cabotant autour de l'île. Son élégante citadelle édifiée sous l'égide de Gênes, sa remarquable cathédrale romane aux murs appareillés de calcaire blanc font de la ville une étape indispensable pour qui s'intéresse au patrimoine bâti. Comme le sont également Murato pour l'exceptionnelle église San Michele aux murs polychromes, Sorio pour la chapelle Santa Margarita, Tenda pour l'église San Pietro ou Rapale pour la chapelle San Cesareu. Tous sanctuaires qui attestent l'ancienneté de l'implantation et l'importance économique de cette région dès le Moyen Âge.

Page de gauche : **embouchure de l'Ostriconi.**
Ci-dessus : **l'anse double de Malfalu,** ourlée de sable blanc, est l'une des plus attachantes des Agriates.
Ci-contre, en haut et en bas : **Lama** a restauré ses vieilles maisons médiévales pour en faire des gîtes à l'intention des touristes. Ce que ces derniers apprécient, lorsqu'ils recherchent un asile loin des rumeurs du monde, dans un environnement préservé.

C'est une terre sauvage que **le désert des Agriates,** comme un vaste morceau de terre originelle laissé brut et défendu par un maquis impénétrable. Que l'on ne s'y trompe pas : des vestiges d'habitat prouvent bien que le lieu fut occupé, au moins par des bergers transhumants descendant des montagnes vers ce monde à part.

La plus longue plage du désert des Agriates étire son sable immaculé en bordure d'une eau transparente, ourlée de pins d'Alep. En revanche, son mouillage n'est possible que par calme plat. Au moindre souffle de vent - mistral ou libeccio -, il faut chercher un abri plus sûr.

Souvent, les façades des églises romanes corses comportent de naïves **figures de personnages,** homme et femme. Il pourrait s'agir de la représentation des donateurs ayant fait édifier le sanctuaire.

Datant de l'époque romane, **l'église San Michele de Murato** est un petit bijou de polychromie. Pierres vertes et blanches - ophiolite et calcaire - y composent un étonnant damier tandis que des sculptures animent la façade et les modillons de la toiture. La légende veut qu'elle ait été construite en une nuit et c'est à Mérimée que l'on doit la sauvegarde de l'édifice. Le massif clocher-porte d'entrée est une adjonction du XIXe siècle.

Ici, **l'oursin** - *Paracentrotus lividus* - est généralement consommé le plus simplement possible, cru, juste ouvert, rincé et avalé. Sinon, on aime en fourrer les omelettes. On le nomme zinu ou zinzu selon les localités.

Pour fabriquer **les nasses à langoustes**, la tradition requiert l'utilisation de branchages arrachés au maquis. Le myrte en a toujours fourni l'essentiel. De nos jours, le plastique a toutefois opéré une forte poussée.

Le myrte est un arbuste du maquis. Les merles sont friands de ses petites baies noires qu'apprécie également l'homme. Il en tire une liqueur parfumée et très fruitée. Elle est de couleur mauve ou incolore.

Couronné par sa citadelle génoise édifiée en 1439, **Saint-Florent,** petite capitale du Nebbio, est devenu une station balnéaire de toute première importance. Sise au fond d'un des plus admirables golfes de Corse, établie sur une éminence dominant l'embouchure de l'Aliso, la ville fut occupée dès le néolithique malgré la malaria qui a longtemps sévi ici.

Parce que le site offrait un abri sûr, **le port de Saint-Florent** se développa dès que les Romains eurent fondé Nebium, nom latin de la ville. C'est notamment d'ici que Pasquale Paoli s'embarqua pour un exil définitif, le 13 octobre 1795.

L'ÎLE AUX QUARANTE CÉPAGES

Implantée pour certains par les Phocéens, qui fondèrent Aléria, pour d'autres par les Génois au cours du XVIe siècle, la vigne fut omniprésente dans toute l'île au long des siècles. Jusqu'à ce que la crise du phylloxéra la supprime impitoyablement dans la plupart de ses bastions. Depuis une trentaine d'années, elle a toutefois recolonisé nombre de ses terroirs d'antan tout en en conquérant de nouveaux. Une quarantaine de cépages se partagent la production, dont certains, entre les plus intéressants, sont spécifiquement corses. Parmi les trois principaux, deux se vinifient en rouge. Ce sont le niellucio, caractéristique des sols calcaires, et le sciaccarello, qui excelle sur sols granitiques, le type de substrat le plus répandu sur l'île. Le troisième est le vermentino. C'est le malvoisie de Corse, au nez de camomille, dont tous les blancs de l'île sont issus.

Mais l'on rencontre également le mariscola, la rossola nera, le codivarta, le ruminese, le brustiano, le barbarossa, le minustello... Sans compter tous les cépages venus du continent, les cinsault, carignan, grenache, syrah, cabernet, chardonnay et autres.

Les vins de l'appellation corse ceinturent l'île : vin de Corse-Calvi, vin de Corse-Sartène, vin de Corse-Figari, vin de Corse-Porto-Vecchio. À cela s'ajoutent les deux grands vins AOC que sont le patrimonio, de cépage niellucio, présent autour du golfe de Saint-Florent, et l'ajaccio, de cépage sciaccarello, situé tout à la fois autour de la ville éponyme et alentour du golfe de Valinco. On ne saurait oublier les rosés, rarement vinifiés en blanc mais provenant d'une saignée de rouge, pratiquée avant fermentation, et le rappu, le muscat du cap Corse, produit en très petite quantité.

Le cépage niellucio donne un rouge tannique au parfum de violette, le patrimonio, qui se garde longtemps et est devenu, en 1968, le premier vin AOC de l'île. C'est le nec plus ultra des vins corses.

Le cépage vermentino - ou malvoisie - est un raisin blanc qui donne des vins d'or pâle tirant sur le vert, très aromatiques.

Ci-contre : **Patrimonio** est un petit village perché tout entouré de vignobles, à l'orée du cap Corse. Le cépage roi est ici le niellucio, qui excelle sur sol calcaire.

Les abris de bergers sont communs en Ostriconi comme dans la plus grande partie de l'île. Ils témoignent d'une antique civilisation pastorale, mais sont aujourd'hui souvent abandonnés.

La brebis corse est de petite taille, à toison épaisse. Toutefois, depuis le XIXe siècle, l'introduction d'autres races comme les mérinos et les barbaresques ont permis l'obtention d'animaux de plus forte morphologie.

La traite des chèvres se fait à un rythme biquotidien. La traite manuelle s'est raréfiée et la trayeuse électrique est apparue dans la plupart des chèvreries, procurant un gain de temps et de meilleures conditions d'hygiène.

La tonte des brebis, généralement effectuée par des spécialistes, est pratiquée régulièrement afin que les bêtes se développent au mieux. Elle améliore d'ailleurs leur lactation. Elle est exécutée grâce à des forces, nom des ciseaux du tondeur. La tondeuse électrique n'est utilisée que pour les grands troupeaux.

La chèvre est vraisemblablement l'animal domestique le plus ancien sur l'île. Elle est présente depuis au moins le VIe millénaire av. J.-C. C'est dire si son histoire est directement liée à celle des bergers, jusqu'à en devenir le symbole du pastoralisme corse. Son élevage demeure encore aujourd'hui essentiellement extensif.

Lorsque le lactosérum résultant de la **fabrication de fromages** au lait entier, de chèvre ou de brebis, est mis à chauffer doucement, sans heurt, un caillé se forme, qui monte à la surface du liquide. Ce caillé, excessivement fragile, est délicatement recueilli à la louche, puis précautionneusement déposé dans des moules de plastique.

Il n'est pas question d'égoutter un caillé qui risque de se défaire à tout moment ou de s'affaisser sans recours. C'est pourquoi le fromager pose une autre forme sur le moule afin de retourner ce caillé sans qu'il se désagrège. Cette opération est faite immédiatement après le moulage et se répète jusqu'à ce que **le brocciu** frais soit à point.

Traditionnellement, **l'affinage** se fait dans un endroit frais et humide, dans des coffres de bois, les fromages étant posés de chant les uns contre les autres. Ils sont salés tous les jours à la main et régulièrement retournés, un par un, jusqu'à ce qu'ils aient atteint une maturation suffisante pour être mis en vente.

Les fromages peuvent aussi être mis en **cave fraîche,** comme partout ailleurs. Ils sont alors disposés sur des planches en bois pour les pâtes dures, sur des claies permettant leur aération pour les pâtes molles. On les sale et on les retourne quotidiennement jusqu'à ce qu'ils arrivent à maturité.

CALVI

Une place forte génoisissime

De prime abord, c'est sa citadelle qui se remarque, plantée sur un vaste promontoire fermant le golfe au bord duquel s'est installée Calvi. Édifié en 1238 par la république de Gênes, ce fort enserré dans de hautes murailles bastionnées témoigne d'un temps où le danger était constant et venait de la mer.

Il renferme le palais des Gouverneurs – devenu caserne – et son formidable donjon, dont la construction remonte au XVIe siècle. Au sommet du promontoire où s'ancre l'édifice, une église a été édifiée à la même époque, reconstruite par la suite, au XVIe siècle. Devenue primatiale, puis cathédrale, elle est dédiée à saint Jean-Baptiste. C'est là que se déroulent les cérémonies du vendredi saint. La Vierge du rosaire est alors sortie en procession, toute vêtue de noir, derrière le Christ mort, grandeur nature, que portent des pénitents cagoulés et pieds nus. C'est la Granitola.

L'ensemble de la forteresse, que l'on gagne par une porte quasi dérobée, est impressionnant et découvre un somptueux paysage, tant sur la mer que sur les montagnes. Il faisait de Calvi une place forte de tout premier plan. Ce qu'elle fut durant plus de six siècles.

Dans la ville haute, une plaque signale la maison natale de Christophe Colomb qui serait originaire de Gênes. Elle signale : « Ici est né, en 1441, Christophe Colomb, immortalisé par la découverte du Nouveau Monde, alors que Calvi était sous la domination génoise. Mort à Valladolid, le 20 mai 1500. » Les érudits corses font remarquer qu'il pourrait en effet bien être calvais tout autant que génois puisque Calvi dépendait alors de la République ligurienne. En faveur de leurs assertions, outre la tradition orale, il y a cette rue du Fil où il serait né, et l'on sait que son père était tisserand, ou ces chevaux et ces chiens corses que le grand explorateur aurait embarqués sur sa caravelle... En l'absence d'acte

Ci-contre : durant la semaine sainte, **les processions** se déroulent à Calvi jusqu'au jour du lundi saint.

L'ancien palais des Gouverneurs de Gênes (aujourd'hui caserne Sanpiero) a été édifié au XIIIe siècle, flanqué d'un formidable donjon par un certain Giovanninello. Repris au milieu du XVe siècle pour être étendu, il appartient à l'armée depuis la Révolution.

Sentinelle campée en faction à l'orée d'une rade grandiose, avec pour toile de fond les sommets enneigés des montagnes qui l'auréolent, **Calvi** est un site que l'homme a affectionné dès la préhistoire. L'estivant du XXe siècle ne renie pas ces goûts, attiré tant par la ville que par sa plage, sa pinède et son climat d'une douceur extrême.

Édifiée sur un promontoire granitique entre les golfes de Calvi et de la Revellata, **la citadelle** aux trois bastions, ceinte d'épais remparts et cantonnée de tours, se dresse face à la mer, dans un environnement de figuiers de barbarie descendant jusqu'au ras des flots. Elle a été jusqu'au cœur du XVIIIe siècle le principal point d'ancrage des Génois dans l'île. C'est entre ses murs que le Génois Christophe Colomb aurait vu le jour dans une maison où son père exerçait le métier de tisserand et dont il ne reste plus aujourd'hui qu'un pan de mur. Depuis sa reddition aux Anglais le 10 août 1794, elle n'a plus jamais connu de siège.

d'état civil – en l'occurrence, d'un certificat de baptême –, la vraie patrie de Colomb demeure un mystère. Ni Gênes ni Savone, qui revendiquent également le privilège de l'avoir vu naître, ne peuvent produire quelque document à l'appui de leurs affirmations. Est-ce donc si important qu'une patrie natale pour un homme qui découvrit un monde, le Nouveau Monde ? Ici, en tout cas, on tient dur comme fer à sa naissance corse.

Quoi qu'il en soit, il est vrai que la ville se sentit de tout temps en phase avec Gênes, au point qu'en 1758, Pasquale Paoli, pour y faire pièce, fonda L'Île-Rousse non loin de là. « *Ho piantato le forche per impiccare Calvi* » – « J'ai planté des fourches pour y pendre Calvi » –, tels furent ses mots lors de cette création. C'est à l'appel de ce dernier que, pour réduire la citadelle, une escadre anglaise vint bombarder la ville qui dut se rendre le 3 août 1794 après un déluge de plus de trente mille boulets. Piètre consolation pour les Calvais, c'est lors de cette bataille que le futur amiral Horatio Nelson perdit l'œil droit. À présent, c'est le tourisme qui investit la ville, de son port où accostent car-ferries et paquebots à sa longue plage où s'entassent les estivants en mal de soleil. Mais elle n'en garde pas moins son cachet et une marine d'une extrême élégance.

Ci-dessus : de la présumée **maison natale de Christophe Colomb,** il ne reste qu'un fragment de mur.
Ci-contre et page de droite : c'est à l'automne, durant la seconde quinzaine d'octobre, que se tient **Festiventu,** une manifestation où l'on fête le vent sous toutes ses formes.

corsica ferries sardinia ferries

Baignée sur trois de ses côtés par la Méditerranée, **la citadelle de Calvi** marque, à son corps défendant, la domination de la république de Gênes durant près de six siècles. La fidélité de la ville envers la cité ligure est rappelée par l'inscription « *Civitas Calvi semper fidelis* » - « Calvi, cité toujours fidèle » - au fronton de la porte d'entrée. Ce que Pasquale Paoli ne put lui pardonner.

Restaurateur et pêcheur sont ici souvent une seule et même personne. Il est vrai que les Corses aiment **le poisson** mais ne l'apprécient que frais. Que ce soient des muges, des dentices ou des pageots.

Sur ses **quais plantés de palmiers**, la marine de Calvi offre, depuis les terrasses de ses cafés et de ses restaurants, le plus beau panorama qui soit sur la Méditerranée et les montagnes intérieures.

C'est dans de **petites barques** que les pêcheurs côtiers partent à la recherche des bancs de poissons. Ils pêchent mostelle, rascasse, rouget, congre, chapon, saint-pierre..., mais aussi langouste, homard, araignée de mer, poulpe et seiche. Ils alimentent ainsi, quotidiennement, tous les restaurants de la ville ainsi que nombre de petits marchés locaux. Ici, on ne consomme que du poisson frais.

Saint-Jean-Baptiste a le rang de cathédrale depuis le XVIe siècle, après avoir porté longtemps le titre de primatiale. C'est dire l'importance du sanctuaire. Le Christ d'ébène qu'il abrite sur un autel latéral est dit Christ des miracles depuis qu'en 1555, brandi sur les remparts contre les troupes franco-turques, il s'ensuivit la levée immédiate du siège de la ville. Depuis, on n'a jamais manqué de le sortir en procession pour conjurer les calamités.

À 81 m au-dessus des flots s'élève la gracieuse **coupole** de l'église Saint-Jean-Baptiste, bâtie au XVIe siècle. À son aplomb, les femmes de la bonne société assistaient aux offices dans des loges réservées.

Établie à l'entrée du golfe qui porte son nom, **Calvi** s'est installée dans un site qui a attiré l'homme dès les temps préhistoriques. Des Romains, les soldats de Marius, s'y établirent ensuite, en un lieu nommé depuis Marana. Des habitations fleurirent sur les pentes du Mozello, à l'emplacement de l'actuel fort. Mais c'est au XIIIe siècle que Calvi prend de l'importance en raison de guerres entre féodaux et l'enracinement ici d'un seigneur du Nebbio, Giovanninello, qui y implanta un premier bastion, avant que les Génois n'investissent la place. Les Calvais leur vouèrent une fidélité qui ne se démentit jamais.

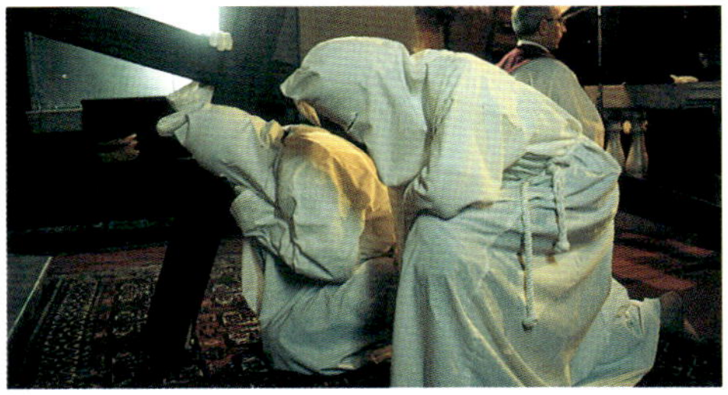

Au soir du vendredi saint, **les pénitents** - dont l'identité n'est pas connue - de deux confréries calvaises, celles de Saint-Antoine et de Saint-Érasme, marchent pieds nus et en cagoule par la ville, portant un pesant Christ mort grandeur nature. C'est l'impressionnante procession de la Granitola, qui se déroule en quatre phases symbolisant la succession de la vie et de la mort.

Les Corses de religion orthodoxe de Cargèse entretiennent toujours le culte des icônes, au nombre de quatre, que leurs ancêtres avaient emportées avec eux. Celle de saint Jean-Baptiste ailé, originaire du mont Athos, est vénérée.

Ci-contre : c'est de reposoir en reposoir que se déroulent **les processions du vendredi saint** à Bonifacio, chacune menée par l'une des sept confréries de la ville. Leurs bannières s'inclinent lorsqu'elles se croisent, mais il n'y a pas de cérémonie commune.

RELIGION ET FÊTES RELIGIEUSES

Les fêtes patronales et liturgiques revêtent une importance certaine. Bien que les confréries qui entretenaient les traditions aient en grande partie régressé après la Première Guerre mondiale, on a assisté à une certaine renaissance de leur influence, notamment à partir des années 1960. Ce sont elles qui, à Calvi, veillent au bon déroulement de la Granitola, une procession qui s'enroule symboliquement sur elle-même, et de la San Téofalu, une fête patronale très suivie.

Durant la semaine sainte, d'autres cités célèbrent la Passion. Ainsi à Sartène pour la procession renommée du Catenacciu, c'est-à-dire de l'Enchaîné. Un anonyme, le Grand Pénitent, revêtu de la robe rouge, portant cagoule et gants rouges, marchant pieds nus, le droit traînant une lourde chaîne, parcourt la cité en portant sur l'épaule une énorme croix. Il est l'incarnation du Christ, comme un autre pénitent, tout aussi inconnu mais vêtu et cagoulé de blanc, figure Simon de Cyrène. Derrière eux suivent d'autres pénitents, habillés de noir, portant un Christ mort, figure de bois étendue sur un linceul tandis que la foule entonne des chants religieux traditionnels dans cette montée au calvaire. À Erbalunga, on part en procession de hameau en hameau : c'est la Cerca. À Bonifacio, ce même vendredi saint, les sept confréries de la ville effectuent leur marche, chacune derrière sa bannière avec les *casci*, statues aux reliques de saints protecteurs. On y fête aussi la Saint-Érasme avec bénédiction des barques et la Saint-Roch, qui donne lieu à la mirenda di San Roccu où l'on déguste une copieuse collation. De même, on sort le Christ noir à Bastia, saint Antoine à Aregno ou la Madunnuccia à Ajaccio...

CALVI

Installée sur un promontoire commandant son vaste golfe, Calvi dresse sa citadelle en sentinelle, non loin de l'embouchure de la Figarella. Son port, bien à l'abri des tempêtes, accueille des navires depuis l'époque romaine.

À 216 m d'altitude, **la chapelle de la Madonna di a Serra,** au-dessus de Calvi, est un très ancien lieu de pèlerinage. Il se déroule chaque année le 8 septembre, et ce, depuis le XVe siècle. Le sanctuaire en lui-même est une reconstruction de celui du XIXe siècle. De là, l'on embrasse la ville et, au-delà, toute la chaîne des montagnes qui la cerne.

À **l'intérieur du sanctuaire de la Madonna di a Serra,** le mobilier consiste essentiellement en statues saint-sulpiciennes. Au moment du pèlerinage , on y rapporte solennellement une effigie de l'Immaculée Conception, peinte sur cuir argenté, qu'abrite habituellement l'église Sainte-Marie-Majeure.

Si **Occi,** village en ruine encore juché en vigie sur son promontoire, fut déserté par ses habitants au XIXe siècle, c'est à cause du manque d'eau. Ces derniers ont préféré rallier Lumio, tout proche. Ils ont quitté des terres stériles pour celles, tellement plus fertiles, du village voisin.

Situé juste à l'aplomb du fort de Mozello, **le cimetière marin de Calvi** est d'une blancheur immaculée dans son cadre de verdure. C'est que chacune des sépultures est régulièrement passée au lait de chaux. De là, on embrasse un formidable panorama maritime.

Comme un peu partout dans la région, les habitants de Lumio produisent leur propre **huile d'olive,** un jus à la saveur douce qui fait merveille lorsqu'il est servi en assaisonnement.

Dans un vaste cirque tout entouré de montagnes, le village de Lumio aligne ses oliveraies et son **vignoble.** L'huile et le vin sont les deux productions agricoles du village situé à 10 km de Calvi mais à quelque 200 m d'altitude. Ses vins bénéficient d'ailleurs d'une sous-appellation régionale, celle de « vin de Corse-Calvi ». Ils sont principalement bus localement.

Dressé en belvédère, Lumio se serre autour de son **église baroque,** au frêle campanile sommé d'un lanternon. Non loin, la chapelle San Petro e San Paolo est un rare sanctuaire roman pisan du XIe siècle, même s'il a grandement été remanié par la suite. On y remarque notamment, au linteau de la porte d'entrée, deux têtes de lion en granite rose, aux gueules grandes ouvertes.

Essentiellement constituée de pins – maritimes et laricios – et de chênes verts, **la forêt de Bonifato** est située en terrain accidenté. Les rocs occupent près d'un tiers de sa surface.

Cascade dans un décor enchanteur à Bocognano.

LE CENTRE

Le refuge de Carozzu offre une halte aux randonneurs du GR 20.

C'est de **Morosaglia** qu'est originaire Pasquale Paoli, le père de la révolution corse.

Chapelle Santa-Maria-Assunta dite *abbadia* à Moca-Croce.

Détail de la chapelle Sainte Réparate à Morosaglia.

Marqué de sommets altiers qui donnent un véritable toit à la Corse et que l'on entrevoit de toutes parts, le centre de l'île fut sa plus riche contrée agricole et le demeure, tant à l'ouest, pour son vignoble, que dans la plaine orientale, dévolue à la culture des fruits. Faune et flore, endémiques, rarissimes ou menacées, ont trouvé refuge ici, désormais sauvegardées par le Parc naturel régional et appréciées par les randonneurs en mal de nature inviolée.

Les ânes sont toujours utilisés pour le transport des sacs de châtaignes.

La châtaigne a donné son nom à la Castagniccia, où elle abonde.

CASTAGNICCIA ET CASINCA

Au pays de la châtaigne

Sans la châtaigne et, partant, les châtaigniers, il semble bien que les Corses auraient difficilement survécu aux malheurs des temps, à la famine et aux heures noires de leur histoire. Au point que l'on a pu parler d'une « civilisation de la châtaigne ».

Si le châtaignier est autochtone comme l'archéologie en fait foi, c'est pourtant aux Génois qu'il doit en grande partie cette survie. Ces derniers, en effet, encouragèrent dès le XVe siècle la plantation des châtaigneraies afin d'enrayer les disettes quasi constantes. Sans imaginer que celles-ci leur coûteraient cher. C'est grâce à ce véritable arbre nourricier que la région devint la plus riche de l'île, que les rebelles à l'ordre génois purent y trouver refuge sûr et assistance, et mener leurs opérations de sédition en toute impunité. Au point que les Génois envisagèrent un temps d'abattre les châtaigneraies pour réduire les insoumis. Cette forêt fruitière a, depuis, fortement régressé, victime de l'abandon, de la hache et du feu encouragé par l'invasion des sous-bois par la flore du maquis.

C'est au couvent Saint-François d'Orezza qu'en juin 1751 Jean-Pierre Gaffori fut proclamé « général de la Nation ». C'est à Morosaglia qu'est né Pasquale Paoli, « Père de la nation » et héros de l'indépendance, là que ses cendres reposent. Et c'est au couvent Saint-Antoine de Casabianca que le même Paoli fut décrété « général du royaume corse » le 15 juillet 1755.

L'aisance de la Castagniccia explique naturellement la richesse de son patrimoine. On n'y compte plus les églises et les couvents dotés de somptueuses œuvres d'art. C'est le cas notamment à La Porta de l'église Saint-Jean-Baptiste, sans aucun doute le chef-d'œuvre du baroque corse, dont la façade occidentale et le campanile à cinq étages

Ci-contre : **les châtaigneraies,** à l'automne, parent de mille teintes d'ocre jaune ou rouge les pentes montagneuses de la Corse, faisant naître un décor enchanteur.

Lorsqu'elle est fraîche, **la châtaigne** peut être consommée grillée, à la poêle ou bien au feu de bois, dans la cheminée. Sèche, on la préfère bouillie ou mieux, encore, réduite en farine, ce qui permet de se livrer à des préparations de toutes sortes.

Nourriture des paysans sous forme de pain, aussi bien plat principal que dessert, la châtaigne s'est beaucoup consommée sous forme de **pulenda,** désormais réservée aux jours de fête. C'est une bouillie sèche que l'on coupe en tranches et qui accompagne superbement les ragoûts.

Les châtaigniers sont exploités de manière totalement extensive par plus de 200 petits producteurs. La Castagniccia, mais également le Prunelli, le Taravo ou les Deux Sevi en sont les principales régions productrices. On a retrouvé des pollens de châtaignier qui permettent de penser que celui-ci était déjà présent en Corse plus de 8 000 ans avant notre ère. Mais c'est par la suite qu'il gagna ses lettres de noblesse et fut cultivé, devenant l'arbre à pain de l'île. Cependant, de nos jours, la châtaigneraie, délaissée, est progressivement gagnée par le maquis.

sont dus au Milanais Domenico Baina. C'est aussi vrai pour la chapelle San Toma du hameau de Pastoreccia – sur la commune de Castello-di-Rostino –, dont la fresque, anonyme, du Christ Pancreator date du XVIe siècle, ou du mobilier de l'église Saint-Pierre-et-Saint-Paul de Piedicroce-d'Orezza.

Si les châtaigniers ne sont plus les véritables arbres à pain qu'ils étaient autrefois, il n'en reste pas moins que la châtaigne est encore très prisée en cuisine. Ses variétés les plus appréciées sont la campanese, la niella, la rossa et la tighjulana. Elle est consommée grillée quand elle est fraîche mais également bouillie ou rôtie. Séchée, elle est réduite en farine et tamisée pour la pulenda qui, de plat obligé quasi quotidien de jadis, est aujourd'hui devenue une gourmandise de jours de fête. Cette nourriture de pauvres s'est transformée en mets recherché, digne des repas bourgeois. Il faut préciser qu'elle se marie merveilleusement avec les charcuteries et est inégalable comme accompagnement du cabri rôti. Son utilisation culinaire ne s'arrête pas là. On peut en faire du pain et, surtout, des pâtisseries, notamment les fritelle, à base de farine, de levain, d'œufs, que l'on jette dans l'huile et qui font d'excellents beignets pour toute occasion, comme l'affirme le proverbe « *Ad ogni tempi e fritelle so bone* » – c'est-à-dire « Les fritelle sont bonnes à tout moment ».

Ci-dessus : sur **la porte de l'église de Croce,** le châtaignier est présent jusque dans la main de l'Enfant.
Ci-contre : **église de La Porta**, entourée de forêts fruitières.
Page de droite : **le village de Pedicroce**, avec ses jardins en espaliers qui descendent en pente douce, retenus par les murets de pierre.

Un buste de Pasquale Paoli a été élevé sur la grande place de L'Île-Rousse, ce qui n'est que justice. C'est lui, en effet, qui, en 1758, fonda la ville – Isola Rossa – à l'emplacement d'un petit village de pêcheurs.

L'école communale de Morosaglia rend hommage au père de la nation corse : elle lui est dédiée. Gigantisme des lettres à son nom et buste à son image sont là pour en faire souvenir, s'il en était besoin.

Ci-contre : **Morosaglia** doit sa notoriété au fait qu'il est la patrie de Pasquale Paoli. Sa maison natale, où il a été enterré dans la chapelle familiale, existe toujours, transformée en musée à son nom.

PASQUALE PAOLI

À celui qui fut au long de quatorze années à la tête du pays, la Corse doit en grande partie sa modernisation. Il créa de toutes pièces des institutions politiques et judiciaires qu'admira l'Europe des Lumières, une économie moderne, créant une monnaie, une imprimerie nationale, mettant en place une politique d'enseignement et fondant des chantiers navals afin de fournir l'île en bâtiments de guerre et en navires de commerce battant pavillon à la tête de Maure. En ce sens, Pasquale Paoli, le héros de l'indépendance, fut également un génial organisateur. Son action en faveur de l'agriculture, et notamment pour l'introduction de la pomme de terre dans l'île, valut à celui que l'on a pu par ailleurs nommer « le Washington corse » le sobriquet, beaucoup plus prosaïque, de « *Generale delle patate* » !
Mais il est bien évidemment pour ses compatriotes « *U Babbu* », le père, de la patrie s'entend. C'est en 1755 que, désigné général en chef de la nation corse, il proclama l'indépendance de l'île tout en choisissant Corte pour capitale – et siège de la première université corse –, ce que la ville sera jusqu'en 1769, date à laquelle Paoli sera contraint à l'exil. Entre-temps, le général aura été plus un grand administrateur qu'un grand chef de guerre, en butte aux Génois, puis aux Français partis à la conquête de l'île en 1768.
À l'issue de la bataille de Ponte-Nuovo contre ces derniers – 8 mai 1769 – qu'il perdit, il dut s'embarquer pour un exil définitif de vingt ans, en Angleterre, tandis que nombre de ses partisans se ralliaient à la France. De Londres, où il mourut le 17 octobre 1807 et fut enterré, son corps fut ramené à Morosaglia en 1889, dans la maison de ses pères, où il fut définitivement inhumé.

« *Pane di legnu e vinu di pietra* » - « pain de bois et vin de pierre » - disait-on autrefois de la gastronomie quotidienne constituée de châtaignes et d'eau de source. C'est dire si le petit fruit a été indispensable durant des siècles.

C'est à l'aide de **la ruspulla** - une fourche en bois de châtaignier à trois dents - que l'on ramassait les châtaignes, grâce au *spurtellu* - un panier en éclisses de châtaignier - qu'on les transportait. Puis elles étaient versées dans des sacs avant d'être transportées à dos d'âne ou de mulet vers le grenier - ou *gradaghiu* - où elles étaient entreposées dans une partie dévolue à leur séchage.

Entreposées dans **le séchoir** sur des claies, les châtaignes sont mises à sécher grâce à un feu entretenu en permanence sous elles, dans le *fucone,* durant huit bonnes semaines.

Le foyer, ou *fucone,* est une constante dans l'habitat traditionnel de la châtaigneraie. C'est grâce à lui que séchaient les châtaignes. Puis on les débarrassait de leur bogue en les entassant dans de gros sacs que l'on frappait à tour de bras sur une pierre ou un billot de bois. C'est également le *fucone* qui permet la fumaison des charcuteries maison suspendues au-dessus de l'âtre.

Les porcs, très rustiques, sont généralement élevés en liberté, de manière totalement extensive. Ils se nourrissent par eux-mêmes de glands et de châtaignes, ce qui donne à leur chair un parfum inimitable. Le jambon sec, ou *prisuttu,* acquiert ainsi cette saveur si spécifique.

La charcuterie est un des phares de la gastronomie corse. À l'heure des élevages porcins en batterie, il est vrai que la chair du cochon pâturant dans les châtaigneraies et les chênaies est d'une succulence sans pareille. Salée et séchée, elle donne coppa, ficatellu, lonzu et panzetta. La salcicetta, en revanche, se consomme fraîche.

Dès l'ouverture de **la chasse,** il semble que tous les hommes se promènent avec un fusil. Leur gibier favori est le sanglier - *u cignale* - , qu'ils traquent grâce aux rabatteurs - *e voce* - et que les tireurs - *i pustaghjoli* - achèvent.

Le sanglier corse - *Sus scrofa* - est sans doute proche d'un cochon élevé il y a bien longtemps. Il faut rappeler que ces deux espèces étaient déjà présentes dans l'île au VIe millénaire avant J.-C. Il se rencontre à pratiquement toutes les altitudes, se risquant jusqu'à l'étage supérieur des forêts, se nourrissant de châtaignes, de faines, de champignons, de glands, de racines, et ne dédaignant pas escargots, vers de terre et insectes.

Il faut entrer à **Saint-Jean-Baptiste de La Porta** pour savoir ce que baroque corse veut dire. La grandiose voûte peinte a été exécutée en 1866 par Joseph Giordano. Les autres sont dues à l'architecte milanais Domenico Baïna. Quant au maître-autel, il consiste en une architecture géante, celle d'un retable, dont douze énormes colonnes soutiennent l'architrave ornementée d'angelots. Dans la chapelle Sainte-Croix, le grand Christ en bois peint du XVIIe siècle est classé.

Les tableaux ornant les murs de l'église ont été en partie offerts par Napoléon III, notamment une copie de *l'Annonciation,* de Guido Reni, et *le Martyre de sainte Eulalie de Barcelone,* de Louis Destondres.

L'église Saint-Jean-Baptiste de La Porta d'Ampugnani est un somptueux sanctuaire baroque marqué par un impressionnant campanile de pierres dorées à cinq étages, haut de 45 m.

C'est dans le petit **sanctuaire préroman de Sainte-Réparate,** à Morosaglia, mais à l'écart du village, que Pasquale Paoli fut baptisé. Son principal intérêt réside dans un chemin de croix à la figuration d'une charmante naïveté, petit chef-d'œuvre d'art populaire datant du XVIIIe siècle, et dans le tympan historié de l'entrée. Deux serpents entrelacés s'y mordent la queue.

Agrippée au monte Castello, la ville de **Cervione,** qui fut éphémèrement capitale de l'île et évêché, est connue pour ses châtaigniers, ses arbres fruitiers et ses vignes. Pour sa Vierge du XVIe siècle, la *Madonna di a Scupiccia* – Madone des Bruyères –, destinée à Cordoue et qui, par suite d'un naufrage, fut portée à la chapelle Notre-Dame-de-la-Scupiccia.

Ferrugineuses et bicarbonatées, les eaux de **la source d'Orezza,** connues depuis l'Antiquité, connurent une grande vogue au XIXe siècle. On y venait « aux eaux » entre gens du meilleur monde pour soigner son foie et ses problèmes digestifs. Bien que non tarie, cette source est à présent inexploitée.

Accroché aux pentes du monte Sant'Angelo, l'un des plus beaux villages de la Casinca, **Loreto di Casinca,** est dominé par le campanile de l'église Saint-André, de style baroque. Des terrasses en culture, complantées d'arbres fruitiers, encerclent ses hautes maisons de schiste vert.

Bien qu'à l'état de ruines, l'église romane, de style pisan, de **Sainte-Marie-de-Rescamone,** à Valle di Rostino, n'en reste pas moins fort intéressante, notamment pour son abside du Xe siècle et sa façade de marbre gris aux sculptures d'une charmante naïveté, œuvres d'artisans locaux.

NIOLO, MERCURIO ET CORTENAIS

Le cœur en sentinelle

Le centre de la Corse, le plus secret, le plus enclavé, s'organise autour de la longue vallée du Golo, le plus grand fleuve de l'île, qui prend sa source entre la Paglia Orba - 2 525 m - et le Capo Tafonato - 2 343 m. Cette haute vallée que le Cinto domine de ses 2 706 m d'altitude fut pourtant très tôt occupée par l'homme, comme en témoignent encore des vestiges du néolithique, menhirs, dolmens, tessons de poteries.

Ce fut de tout temps une terre de pasteurs vivant de leurs troupeaux de chèvres et de brebis, et transhumant en hiver vers des lieux plus cléments, la côte autour du golfe de Porto au débouché du Golo et du Fango, par des sentiers pentus qu'empruntent aujourd'hui les randonneurs.

Les Niolins vécurent à l'écart du reste de l'île jusqu'à l'ouverture d'une grande voie de communication, une route qui a largement taillé dans les gorges du Golo, remaniant en grande partie la Scala di Santa Regina qui monte par paliers vers les hauteurs. Pourquoi ce nom de Scala di Santa Regina ? En raison d'un violent affrontement qui, il y a bien longtemps, opposa Satan à saint Martin. Ce dernier, qui labourait, vit sa charrue envoyée dans les airs par le diable en furie et, frappée par la foudre, s'écraser en un chaos rocheux qui obstruait la vallée. Le saint s'étant adressé à la Vierge, celle-ci mit de l'ordre dans l'amoncellement, qui forma ainsi l'« escalier de la Sainte Reine ». Pas vraiment apte à accueillir des véhicules mais ayant tout de même permis d'aménager un sentier muletier étroit et abrupt dans la roche, et qui, durant des lustres, fut un chemin de transhumance.

Les plus fabuleux paysages montagnards font de cette terre la destination des amoureux de marche

Ci-contre : lorsque gèlent les **cascades,** les fous de grimpe s'en donnent à cœur joie, comme ici en Restonica.
Page de droite : étendue d'eau de plus de 6 ha, **le lac de Nino** est installé au fond d'une vaste cuvette glaciaire.

à pied, de panoramas insolites, de terroir ayant conservé ses traditions. Les bergeries d'antan émaillent toujours le flanc des montagnes, les villages n'ont rien perdu de l'essentiel de leur cachet, les sites d'altitude se gagnent à la force du jarret. Et si l'on ne tresse plus ici les moules à brocciu depuis que le plastique est devenu la norme, si les femmes ne tissent plus les longs poils de leurs chèvres pour en faire de confortables pèlerines, la haute vallée garde une authenticité que l'on chercherait vainement ailleurs. Le lac de Nino et ses pozzines, les cascades, les forêts de pins laricios, les cols enneigés en hiver, les ravins en gorges sont partie intégrante du Parc naturel régional qui gère tous les problèmes de sauvegarde des paysages, tant bâtis que naturels. Leur protection semble donc assurée.

À l'image de cette région enclavée, Corte, qui fut la fière capitale de la Corse indépendante au temps de Paoli, demeura longtemps à l'écart, comme repliée sur elle-même, alors que sa situation même, à mi-chemin entre Bastia et Ajaccio, entre Tyrrhénienne et Méditerranée, aurait dû lui assurer la prééminence. Ce n'est qu'avec la création de l'université, effective depuis 1981, qu'elle a retrouvé un peu de son lustre d'antan. Cette implantation a vivifié la ville, entraînant l'installation de laboratoires de recherche, la réhabilitation de nombreux bâtiments, définitivement régénérée par la présence d'une jeunesse venue des quatre coins de l'île.

Ci-dessus : **le Golo** arrose le Niolo et rejoint la mer au sud de Bastia.
Ci-contre : au sortir d'un étroit défilé, **les cascades de Radule** font s'écouler les eaux avant qu'elles ne rejoignent la grande vallée qu'a creusée le Golo.
Page de gauche : les hautes maisons de schiste couvertes de tuiles de **Corte** s'étagent au long de ruelles pentues.

LA VALLÉE DE LA RESTONICA

Son site lui a valu d'être classée en 1966. Cette vallée de la Restonica est en effet surplombée des plus hauts sommets, dont le monte Rotondo, qui atteint les 2 622 m, et d'aiguilles – telle celle du Tombeau – qui renforcent la sensation de domaine inviolé que procure la partie qui s'enfonce en gorges. Son nom, Restonica, lui fut donné il y a bien longtemps par les Grecs ; il signifie « qui coule dans une vallée encaissée ». Ils ne pouvaient pas mieux dire.

Avec ses hautes maisons sévères étagées sur la pente, **le village de Tralonca** semble avoir occupé chaque parcelle du piton sur lequel il s'est implanté. Les randonneurs le connaissent bien, eux qui le rallient en partant d'Omessa par un sentier escarpé traversant des pelouses dénudées.

Face aux aiguilles de Giovellina et surplombant le Golo, **le castello de Serravalle**, à Prato-di-Giovellina, est l'un des mieux conservés de Corse. C'est une tour carrée, appareillée en pierres calcaires soigneusement taillées, enfermée dans une chemise circulaire. L'ensemble date vraisemblablement du XIVe siècle.

Peuplée de pins laricios, de hêtres et de bouleaux, **la forêt de Valdo Niello** - *Valdu Niellu* - s'étage en amphithéâtre au-dessus de la vallée du Golo, entre 900 et 1 600 m d'altitude.

Le petit pont en dos d'âne d'Albertacce est un des très nombreux ponts dits génois de l'île. Comme ses homologues, il a été hardiment et robustement bâti pour résister au temps et à l'impétuosité des eaux. Il est très sommairement pavé, ce qui n'a jamais été un obstacle, ni pour les hommes ni pour les troupeaux transhumants regagnant leurs pâtures, et ce depuis plus de six siècles.

Col routier le plus élevé de Corse, à 1 477 m d'altitude, **le col de Vergio** est sur la ligne de crête qui partage les eaux entre Méditerranée et Tyrrhénienne. Il est fermé en hiver dès que la neige devient un peu dense. En contrebas, la petite station de sports d'hiver de Vergio est parfaitement équipée pour le ski alpin. Quant au ski de fond, il se pratique tout alentour, en suivant notamment les pistes forestières.

Au sortir d'un étroit défilé, **les cascades de Radule** font s'écouler les eaux avant qu'elles ne rejoignent la grande vallée qu'a creusée le Golo, le plus long fleuve de Corse. Le GR 20, tracé dans les plus beaux sites, y passe.

Les cascades en haute montagne se figent dès que le froid devient rigoureux, générant de somptueuses chutes de glace qu'affectionnent aujourd'hui les amateurs d'escalade.

Harmonieux petit village perché du Cortenais cerné de montagnes arides et déchiquetées, **Soveria,** sommé de son clocher baroque, émerge d'un océan d'arbres fruitiers et de vignes. Ses maisons, couvertes de tuiles et s'ancrant sur des terrasses, se serrent autour de son église, comme écrasées par les hauts sommets enneigés qui leur servent de toile de fond.

DE RUSTIQUES SAVEURS

« *O paglia o fenu basta che u corpu scia pienu* » – « que ce soit de paille ou de foin, peu importe pourvu que le ventre soit plein » –, disait-on autrefois. Autre manière de signifier que, comme dans d'autres régions de France, on ne mangeait pas tous les jours à sa faim. Et l'on n'était guère regardant sur la finesse des produits quand il s'agissait de manger pour vivre. Plus que toute autre, la gastronomie corse doit tout aux produits de son terroir. Son caractère insulaire, ses traditions agricoles et pastorales l'ont ainsi forgée. Les Corses ne furent jamais, à de rares exceptions près, ni marins ni commerçants, mais des montagnards très attachés à leur terre. Céréales de leurs champs, fruits de leurs vergers, viande de leurs chèvres et de leurs porcs, produits laitiers de leurs chèvres et de leurs brebis en sont les principales caractéristiques, auxquelles s'ajoutent les produits tirés de la chasse et de la pêche, en eau douce ou en eau de mer, qui ont contribué à élargir la palette des saveurs.

Ici comme partout, l'huile se ménageait, et l'on ne mangeait guère de viande fraîche, gibier excepté. Le cabri paraissait sur la table les jours de fête, et le porc fournissait, çà et là, quelque morceau de lard tiré du saloir, quelque saucisse fumée. On consommait également du fromage, notamment le brocciu, dont on sait que Maria Letizia Bonaparte était très friande, à l'origine sous-produit laitier puisque fabriqué à partir de lactosérum.

Les alambics produisent toujours une excellente eau-de-vie, qui se consomme pure. Chaque famille possède sa recette de liqueur douce. Du sirop de sucre et des baies, de genévrier, de myrte, de mûrier ou des écorces de cédrat, un temps de repos, et la liqueur est prête.

La fritella au brocciu est un beignet de forme sphérique, fourré de brocciu frais et frit à l'huile. On le saupoudre d'une fine pellicule de sucre. C'est la pâtisserie obligée des jours de fête dans toute l'île.

La pulenda est une bouillie dure à la farine de châtaigne que l'on façonne en forme de boule ou de pain. On la coupe en tranches que l'on sert chaudes en accompagnement de viande ou de charcuteries.

Ci-contre : dessert que l'on dit originaire de Corte, **le fiadone** est un flan au brocciu où l'on ne ménage ni les œufs, ni le fromage, ni même l'eau-de-vie – *acquavita* – qui lui donne toute sa saveur. Il est devenu le dessert emblématique de toute l'île. Toutefois, à Ajaccio, on lui préfère l'imbrucciata, qui se présente sur un fond de pâte sablée ou feuilletée.

Le fameux GR 20, le sentier de grande randonnée qui traverse la Corse sur 1 000 km de long, passe par le site préservé qu'est le lac de Nino et son exceptionnel environnement tourbeux. Les pêcheurs l'apprécient aussi, qui profitent de son empoissonnement régulier pour sortir leur canne à pêche.

À l'étage montagnard, les forêts sont constituées de **pins laricios** – *Pinus nigra laricio var. corsicana* –, le *lariciù* en langue corse. Elles viennent mieux sur les adrets que dans les fonds de vallon ou sur les ubacs. Le laricio dépasse bien souvent 30 m de hauteur et, poussant très serré, offre des sous-bois peu ensoleillés.

Au pied du monte Tozzo, **le lac de Nino** est une formation de pozzines. Il s'agit de zones humides d'altitude, des pelouses hygrophiles à substrat de tourbe, grêlées de trous plus ou moins profonds, les pozzi. Elles connaissent une accumulation de végétaux en cours de dégradation rendue difficile en milieu acide en raison de l'absence de micro-organismes, et sont régulièrement tondues par les troupeaux transhumants. D'où une flore spécifique des sols acides comme le rossolis à feuilles rondes ou la grassette corse. Le lac lui-même est envahi d'une végétation aquatique, où dominent le potamot et le trèfle d'eau.

Corte est la capitale historique de la Corse, stratégiquement située au cœur même de l'île, entre ciel et pierre. Sa citadelle puissamment établie sur le roc est une création génoise édifiée dès 1420 par Vincentello d'Istria, alors au service du roi d'Aragon. Elle a été complétée et remaniée par la suite. La ville est le siège d'une université, créée en 1765, fermée quatre plus tard et réouverte en 1980.

Œuvre en bronze de **Victor Huguenin**, une statue de Pasquale Paoli orne le cours éponyme de Corte depuis 1854. Alors que Charles Bonaparte était son secrétaire, naquit ici Joseph, le frère aîné de Napoléon.

À Corte, **la chapelle Sainte-Croix** est un sanctuaire à nef unique. Elle a été édifiée au XVIIe siècle et demeure très fréquentée au moment des cérémonies de la semaine sainte - la « *Settimana santa* ». C'est là que, le jeudi saint, débute la procession de la Granitola.

La Scala di Santa Regina était un étroit défilé rouge sang, taillé dans le roc de granite, qui grimpait par étapes - d'où son nom de *scala*, « escalier » - vers les villages d'altitude du Niolo. Il a depuis perdu de sa sauvagerie grâce à l'ouverture d'une route qui a nécessité de faire sauter pans de rocs et verrous rocheux.

LA PAGLIA ORBA

La Paglia Orba, qui culmine à 2 525 m avec le lac éponyme à ses pieds, est un véritable pain de sucre rougeâtre que l'on rallie depuis les bergeries de Ballone par le col de Foggiale.

GOLFES DE PORTO ET DE SAGONE

Un sanctuaire naturel

La légende veut que le diable se soit amouraché d'une jeune bergère de Piana qui refusa de se donner à lui et qui, par ses cris, attira les hommes des environs. Dans sa fureur de se voir découvert et pourchassé, le démon pétrifia ses poursuivants. Ce sont eux que l'on voit encore, pitons extravagants dressés au-dessus des eaux, témoignages de cette œuvre satanique.

Personne mieux que Maupassant ne les a décrits, dans *Une vie* : « C'étaient des pics, des colonnes, des clochetons, des figures surprenantes, modelées par le temps, le vent rongeur et la brume de mer. Hauts jusqu'à trois cents mètres, minces, ronds, tordus, crochus, difformes, imprévus, fantastiques, ces surprenants rochers semblaient des arbres, des plantes, des bêtes, des monuments, des hommes, des moines en robe, des diables cornus, des oiseaux démesurés, tout un peuple monstrueux, une ménagerie de cauchemar pétrifiée par le vouloir de quelque dieu extravagant. » Ces rocs torturés sont toujours là, générant l'un des plus exceptionnels paysages qui soient, celui des *calanche* de Piana, sculptées dans le granite rouge, établies dans la partie méridionale du golfe de Porto.

Au nord de ce même golfe, la presqu'île qui ferme celui de la Girolata est un autre remarquable ensemble géologique, d'origine volcanique quant à lui, et d'une rare diversité comprenant notamment des rhyolites ignimbritiques et des pyroclastites. Cette presqu'île de Scandola est classée en réserve naturelle, tant en ce qui concerne le site en lui-même qu'en matière de protection botanique - afin d'assurer la sauvegarde de quelques espèces rares tels l'armérie de Soleirol ou le gattilier - et faunique, notamment en raison de la présence du balbuzard pêcheur.

Ci-contre : **les *calanche* de Piana** sont émaillées de cascades tombant dru du haut des falaises de granite rouge.

Portant le même nom que le torrent qui y aboutit, **le golfe de Lava** étire sa longue plage entre la pointe Parragiola et le capo di Feno, sans autre construction qu'un tombeau semblant veiller sur les flots.

Fermé par la presqu'île de Scandola au nord et par le capo Senino au sud, et bordé de falaises rouges, **le golfe de Girolata** est cette admirable baie qu'il faut aborder par la mer et dont Paul Morand pouvait écrire qu'ici « le bleu du ciel et le rouge vineux d'une muraille déchiquetée, creusée par la mer, viennent si bien ensemble ». On ne saurait dire mieux. Minéraux et végétaux y sont strictement protégés.

Surplombé par la tour de Turghio, perchée sur une éminence de porphyre rose à 331 m d'altitude et d'où l'on embrasse un immense panorama, **le capo Rosso** ferme le golfe de Porto. Il amorce une série de baies, parmi lesquelles celle de la plage d'Arone, avant que ne s'ouvre, à la pointe de Cargèse, le golfe de Sagone. La tour a été restaurée par le Parc régional et son site est désormais protégé, les terrains alentour ayant été acquis par le Conservatoire du littoral. On peut même y bivouaquer, sous réserve de respecter les lieux. Faut-il préciser que les couchers de soleil vus d'ici sont d'une rare somptuosité...

Les baies sablonneuses ne le leur cèdent en rien, tant pour leur beauté que pour leur intérêt en matière de nature à préserver. C'est ce qu'ont compris le Conservatoire du littoral, en s'empressant d'en acquérir certaines parties de la côte, et l'Unesco, en faisant du golfe de Porto un site naturel d'intérêt mondial.

Le golfe de Sagone, bien que lui faisant suite, au sud, n'en constitue pas moins un autre monde. Là, point de rocs déchiquetés, de pitons orgueilleux, de légendes sataniques. Il ne fait pas dans le grandiose. Son collier de collines couvertes de maquis et d'oliviers, ses longues plages de sable, sa succession de petites baies, ses tours génoises postées de loin en loin, les rivières qui se jettent là, Bubbia, Sagone, Liamone, Liscia et Lava, lui confèreraient plutôt un charme un rien mélancolique, tout au moins hors saison. Car les estivants, convertis à cet univers enchanteur et facilement accessible par la route, prennent d'assaut ses plages en été et profitent sans vergogne de l'eau transparente et d'un climat particulièrement clément. Les Romains ne s'y étaient pas trompés non plus, qui s'installèrent là, comme le prouvent des vestiges de thermes retrouvés tout près.

Page de gauche : au pied du Sant Eliseo, **le lac de Creno** est un havre de fraîcheur.
Ci-dessus : au-dessus du golfe de Porto, **Evisa** se situe à la charnière entre zone côtière et montagne.
Ci-contre : l'admirable **golfe de Porto** mérite son classement par l'Unesco en « site naturel d'intérêt mondial ».

La presqu'île de Scandola est d'un intérêt ornithologique évident. Dans ce qui est un volcan effondré aux côtes abruptes, les oiseaux marins nicheurs, comme les rupestres, sont à la fête. Cormoran huppé et balbuzard pêcheur en sont les hôtes les plus prestigieux ainsi que le molosse de Cestoni, une chauve-souris de 40 cm d'envergure, ce qui en fait le deuxième chiroptère d'Europe par la taille.

Le cormoran huppé - *Phalacrocorax aristotelis* - est diurne et solitaire mais il niche en colonies. Celle de Corse est la plus importante du bassin méditerranéen, oscillant selon les années entre 1 000 et 2 000 individus.

Diurne, solitaire et sédentaire, **le merle bleu** - *Monticola solitarius* - affectionne les falaises et les escarpements rocheux. Il se nourrit d'insectes, de geckos et de petits lézards mais aussi, en automne et en hiver, de fruits et de graines. Il est commun en Corse, où les merles en brochettes et le pâté de merle, sont de tradition. À présent, il s'agit d'une espèce protégée et le pâté ne doit plus être que de sansonnet.

Avec son envergure - entre 1,50 et 1,70 m - et son long bec crochu, **le balbuzard pêcheur** - *Pandion haliaetus* - est un rapace piscivore parfaitement identifiable. Il a frisé l'extinction en Corse, où il n'en restait que quatre couples en 1974. Depuis qu'une politique de protection a permis de le sauver, il recommence à coloniser le golfe de Porto, car ce rapace se nourrit exclusivement de poissons.

Le pancrace d'Illyrie – *Pancratcium illyricum* –, ou lis corso-sarde, est fréquent en bord de mer. C'est une amaryllidacée qui affectionne tout particulièrement les falaises et les éboulis rocheux. On le rencontre notamment dans la réserve de Scandola.

Le golfe de Sagone est poissonneux, pour le plus grand bonheur de ses pêcheurs. Ils apprécient de prendre sars et loups, dentices et rougets, qui sont vendus directement aux restaurants. Le moindre plat faisant appel à eux peut être une splendeur, comme leur simple préparation à l'agliotu – une sorte d'escabèche.

Le safran corse – *Crocus corsicus* – est une plante endémique très commune ici, qui fleurit à partir du mois de janvier. Un mois plus tard, il fait le bonheur de l'abeille corse – différente de l'abeille continentale – qui y vient faire provision de pollen au cœur du maquis. Ce miel de maquis était déjà réputé chez les auteurs grecs et latins pour sa saveur, tant chez Diodore de Sicile que chez Ovide ou chez Pline.

Si **l'asphodèle** anime le maquis dégradé, en compagnie du calycotome, il en existe une autre espèce, propre à l'espace montagnard. C'est l'asphodèle porte-cerise, qui fut une aubaine dans les temps de disette. Les Corses ont encore en mémoire ce mets de pénurie de la Première Guerre mondiale, quand son tubercule, au goût de topinambour, suppléait sur la table la pulenda manquante.

La lavande des Maures - *Lavandula stoechas* - est autochtone. On la rencontre fréquemment au sein du maquis, en association avec d'autres plantes friandes de soleil, tels le genêt corse ou le calycotome velu.

À l'étage mésoméditerranéen - des rivages maritimes à environ 600 m d'altitude -, le maquis accueille **les cistes.** Qu'ils soient velus, à feuilles de sauge ou de Montpellier - le plus répandu -, leur nom vernaculaire est *mucchju.*

Ci-contre : **les bosquets d'arbousiers** - *Arbutus inedo* - sont partie intégrante du maquis, entre 200 et 700 m d'altitude. Ils sont souvent associés aux bruyères, aux filarias et aux chênes verts. Les fruits, rouge vif à maturité - d'où le surnom d'arbre à fraises de cet arbuste -, sont cueillis pour confectionner des liqueurs, des gelées, des confitures. Les arbouses, conservées dans le vinaigre, étaient un condiment autrefois très apprécié.

UNE VÉGÉTATION INEXTRICABLE

« Je me suis aventuré dans le mâkis sous bonne escorte », pouvait écrire Gustave Flaubert en son temps. Il est vrai qu'à l'époque ce maquis offrait des parfums d'aventure, terrain de jeu des fameux bandits corses, plus ou moins d'honneur, tromblon en bandoulière et allure rébarbative à souhait. La littérature du XIXe siècle s'en est avidement emparée, de Prosper Mérimée à Guy de Maupassant notamment. Le premier le qualifiait dans *Mateo Falcone* de patrie des bergers corses et de quiconque s'est brouillé avec la justice. Ces bandits et proscrits cachés en son sein ont, à leur corps défendant, fourni à la langue française son expression « prendre le maquis ». Ils ont aussi plus fait pour la réputation de l'île que tous les dépliants touristiques du monde.

Cela posé, le maquis est avant tout une formation végétale qui se rencontre sur les terrains siliceux des massifs anciens. Il est le résultat de la dégradation de la forêt de chênes verts et s'établit jusqu'à 1 000 m d'altitude. C'est le domaine des filarias à larges feuilles et des arbousiers de 7 à 8 m de haut, de la bruyère arborescente qui peut atteindre les 3 à 4 m, des cistes, des lentisques, des myrtes, des clématites, de la lavande, de la vigne sauvage, d'où émergent pins et chênes verts. Le tout forme une végétation touffue, luxuriante, d'une extraordinaire densité, qui couvre près des deux tiers de l'île. Les plantes odoriférantes lui confèrent des senteurs pénétrantes mais subtiles qui faisaient dire à Napoléon : « Je reconnaîtrais la Corse les yeux fermés grâce à son odeur. » Malencontreusement, cette végétation s'enflamme trop facilement. Sa vigueur est mise à mal chaque année par les incendies répétés qui la ravagent.

Tout ceinturé d'arbres fruitiers, **Vico** est établi à mi-pente entre le cours du Liamone, où l'on peut se baigner, et le col de Saint-Antoine, d'où l'on embrasse un beau point de vue vers le golfe de Sagone. Ce gros bourg paisible fut un temps le siège de l'évêché de Sagone lorsque cette dernière fut détruite – au cours du XVIe siècle – et même une sous-préfecture lorsque le Liamone était un département. Tout près, le couvent de Saint-François, actuellement occupé par une communauté d'oblats et édifié en 1481 par Gian-Paolo de Leca, renferme le plus vieux Christ en bois de l'île. Il aurait été sculpté en Italie.

La commune d'Ota est dotée de plusieurs **vieux ponts** permettant de franchir l'Aitone, la Lonca et le Porto. Celui dit a Pianella comme celui de Zaglia sont classés Monuments historiques. Tous sont à arche unique, établis en dos d'âne et audacieusement conçus. Ils forcent l'admiration et leur longévité n'est pas la moindre de leurs qualités.

Il n'est guère de cadre plus idyllique que celui dans lequel s'est implanté **Muna,** avec ses oliviers, ses châtaigniers et ses clémentiniers qui en font un véritable verger. Ses maisons étagées sur les pentes surplombent le bassin du Liamone avant qu'il ne se jette dans le golfe de Sagone.

Les églises catholique romaine et orthodoxe grecque se font face à **Cargèse,** sans aucun problème de cohabitation. D'ailleurs, un même prêtre célèbre les offices pour les deux communautés. Il y a plus de deux cents ans, une colonie grecque fuyant l'Empire ottoman s'installa à Cargèse, à l'initiative de Marbeuf qui fit construire ce village pour eux. C'est pourquoi le culte orthodoxe est implanté ici depuis l'an 1774.

L'église grecque, édifiée entre 1852 et 1870, porte bien la marque de son temps. En revanche, l'intérieur est fameux pour ses icônes anciennes – certaines datent du XIIIe siècle – apportées par les Grecs ayant fui Paomia.

Comme un gigantesque morceau de montagne tombé dans la Méditerranée, **les *calanche* de Piana** ne sont que falaises vertigineuses entaillées de ravins titanesques. Dans ce chaos formidable, l'érosion a sculpté des formes étranges où l'on a pu distinguer diable, moines, évêque, lion, femme allaitant son enfant, et jusqu'à la tête de Poincaré !

Alors que ses *calanche* ne sont que rouge flamboyant, **le village de Piana** s'est installé en amphithéâtre dans le granite gris et domine le golfe de Porto à quelque 438 m d'altitude. Il est marqué par l'élégant campanile de son église Sainte-Marie, édifiée au XVIIIe siècle.

NIOLO, CORTENAIS, FIUM-ORBO

Du toit de la Corse à la Tyrrhénienne

Il ne faut qu'une petite cinquantaine de kilomètres à vol d'oiseau pour gagner la Tyrrhénienne depuis le plus haut sommet de Corse, le Cinto. On mesure combien, par d'autres moyens de locomotion, la descente est abrupte et la route tortueuse à souhait pour passer, en empruntant une vallée, puis l'autre, de 2 710 m d'altitude au niveau de la mer.

C'est que ce centre de la Corse est la région qui enferme les plus hauts sommets de l'île, dont le monte Cinto, que l'on a pu qualifier de toit de la Corse. Il est tout entier inclus dans le Parc naturel régional, ce qui lui assure une protection raisonnée.

Les touristes ne s'y trompent pas, qui font la réputation du GR 20 et des sites naturels fabuleux que sont le Monte d'Oro, les pozzines du lac de Nino, le lac de Calacuccia, la Scala di Santa Regina, les forêts de Valdo Niello, d'Aitone, de Vizzavona ou de Ghisoni, les gorges de la Restonica, la cascade des Anglais ou celle du Voile de la mariée, ou la vallée du Tavignano que l'on emprunte pour gagner la mer et la longue plaine orientale. Du domaine de la haute montagne, des maquis d'altitude, des visions de mouflons perchés sur le roc tandis que l'aigle royal tournoie dans le ciel, on passe sans s'en rendre compte dans un monde typiquement méditerranéen.

La plaine orientale, si prisée dans l'Antiquité, périclita en raison des incursions barbaresques tandis que ses habitants se réfugiaient dans la montagne. Peu à peu, les eaux douces se mirent à stagner, les canaux de drainage s'ensablèrent et l'anophèle se multiplia sans entraves, répandant la

Ci-contre : rien n'est plus sévère que **la vallée de l'Asco**, étroitement enserrée entre les plus hauts sommets de Corse - monte Cinto 2 710 m, Capo a u Perdato 2 586 m, monte Padro 2 393 m. La haute vallée est le domaine des genévriers oxycèdre et thurifère, sur des pentes rocheuses n'abritant aucune autre végétation, du mouflon et des grands rapaces.
Page de droite : entre les vallées de la Restonica et de la Lizola, au pied du Capo a i Sorbi, **le lac de Capitello** est un bijou miroitant à 1 930 m d'altitude.

malaria sur toute la côte. L'insecte assassin y fit des ravages et la zone était évitée comme la peste dès la nuit tombée. Mérimée, qui y passa en 1840, l'atteste : « Aussitôt après la moisson, le village devient désert, et la fièvre attend immanquablement quiconque s'aviserait d'y passer la nuit. Lorsque je visitai Aléria, je n'y trouvai qu'un vieillard souffreteux que les propriétaires paient pour garder le blé renfermé dans les maisons. »

Les Américains qui débarquèrent en Corse en 1943 ne s'embarrassèrent pas : ils arrosèrent le pays au DDT et la côte se vit débarrassée de ses moustiques, même s'il faut garder une certaine vigilance. Mais c'est l'arrivée, en 1962, de nombreux Français d'Algérie, généralement originaires de l'île, qui transforma la plaine en un vaste verger. Clémentines, kiwis et raisin ont rendu à ces lieux le visage riant qu'ils avaient vraisemblablement sous l'occupation romaine. Et le tourisme a suivi, grâce aux plus longues plages de sable de toute l'île, vierges désormais de toute mauvaise réputation. Les étangs notamment, qu'il s'agisse de celui de Diane ou de celui d'Urbino, sont réputés pour leurs pêcheries et leurs fruits de mer. La protection des sites n'y est toutefois pas oubliée, notamment par le Conservatoire du littoral, qui y a acquis, au sud de l'étang d'Urbino, le domaine de Pinia.

Ci-dessus : **pont génois Asco** dans le val d'Asco.
Ci-contre : c'est **la pêche à la mouche** qui a la faveur des férus de la truite, un poisson qui ne se plaît que dans les eaux saines.
Page de gauche : sur les pentes du Monte d'Oro s'étend l'une des plus importantes forêts de l'île, constituée essentiellement de pins laricios et de hêtres, **la forêt de Vizzavona.** Le GR 20 la traverse de part en part, pour le plus grand plaisir des randonneurs.

Toit de la Corse, **le monte Cinto** n'a pas volé son surnom, avec ses 2 710 m de haut. Les rapaces apprécient sa cime, et il n'est pas rare d'y voir planer l'aigle royal, le gypaète barbu, l'épervier d'Europe ou le faucon pèlerin. Ses alpages arides sont parcourus, en été, par des troupeaux de chèvres et de brebis.

Le lac de Capitello n'est accessible qu'à pied, en suivant le GR 20. Pour l'atteindre plus vite, on peut remonter en voiture la vallée de la Restonica jusqu'au bout de la route et poursuivre à pied. Le balisage passe par les lacs de Melo puis de Capitello. Le spectacle de cirque à l'écart du monde juste troublé par les cris des chocards en vaut la peine.

Dans son écrin rocheux, à 2 321 m d'altitude, **le lac de Belledone** est un des joyaux du massif du Rotondo, juste à l'aplomb du sommet. Il n'est accessible qu'aux grimpeurs chevronnés qui longent sa rive septentrionale lorsqu'ils veulent gagner le sommet du monte Rotondo en passant par le refuge de Pietra Piana. Le GR 20 des randonneurs, lui, n'y donne pas accès.

On pensa longtemps que **le monte Rotondo** – 2 622 m – était le plus haut sommet de Corse, ce qui assura son succès auprès des premiers alpinistes, avant que le Cinto ne lui ravisse la vedette.

Ligne de partage des eaux entre Méditerranée et Tyrrhénienne, **le Monte d'Oro** est un des grands sommets corses, avec une altitude culminant à 2 389 m. Les marques rouge et blanc du GR 20 y mènent. Le gypaète barbu et l'aigle royal en sont des hôtes permanents et l'on y rencontre également le faucon pèlerin, le venturon montagnard corse, le pluvier guignard et le martinet alpin.

Un torrent traverse la **forêt de pins laricios** qui enserre le village de Ghisoni, dominé par les élégants pics que sont le Kyrie Eleison et le Christe Eleison. On y croise l'autour des palombes et l'épervier d'Europe.

Au-dessous du village de Bocognano, **la cascade du Voile de la mariée** est une curiosité naturelle que l'on gagne à pied. Il s'agit d'une série de chutes d'eau due à un torrent qui dévale la pente sur 150 m de dénivelé.

Les Génois ont construit en dos d'âne **le pont d'Altiani,** qui enjambe le Tavignano. C'est un ancien pont muletier très étroit. Depuis, les besoins de la circulation moderne l'ont fait élargir. Dans la région, on le nomme volontiers pont laricio depuis qu'un pin, tombé dans le torrent, a bien failli l'emporter. À sa tête se tient toujours une austère chapelle romane, dédiée à saint Jean-Baptiste.

UNE NATURE REVISITÉE

Créé en 1972, le Parc naturel régional de la Corse – PNRC – couvre plus du tiers de l'île. Il s'étend sur la zone montagneuse, tout en englobant une petite partie littorale dont la plus renommée est la Réserve naturelle de Scandola. Pour ce qui est des hautes montagnes, il intègre notamment les massifs du Cinto, du Rotondo, de l'Oro, du Renoso et de l'Incudine.

Sur le plan faunique, ses grandes priorités ont été la réintroduction du cerf corse, la sauvegarde du mouflon, la préservation du balbuzard pêcheur et du gypaète barbu. En ce qui concerne ce dernier, sorte de vautour se nourrissant d'os de vertébrés, il est directement tributaire de la présence de troupeaux d'animaux domestiques ainsi que d'ongulés sauvages comme le mouflon. À une époque où la transhumance est en régression, le problème de sa survie dépend donc de la bonne gestion des populations de mouflons. Ces derniers, aujourd'hui interdits de chasse, ne posent plus de problèmes de reproduction.

Le Parc se penche aussi sur la protection des sites lacustres fragiles, des stations botaniques, sur la conservation et la réhabilitation du patrimoine bâti, qu'il s'agisse d'habitat traditionnel – dont les bergeries d'altitude –, de vestiges archéologiques ou de fresques abritées dans des chapelles reculées. Dans ses priorités, le combat contre les incendies n'est pas le moindre et c'est sans doute dans ce domaine que les victoires sont les plus éphémères malgré la création de zones de pare-feu. La pratique de l'écobuage n'arrange rien.

Enfin, le parc est surtout bien connu des randonneurs puisqu'il gère le GR 20, ce sentier de grande randonnée qui le traverse de part en part.

Le chocard à bec jaune – *Pyrrhocorax graculus* –, au corps noir et au bec jaune, comme son nom vernaculaire l'indique, est l'hôte des escarpements rocheux où il niche, en petites colonies, dans les anfractuosités et les cavernes. C'est le champion des acrobaties aériennes.

Le cerf corse – *Cervus elaphus corsicanus* –, un endémique plus petit que son homologue continental, était commun dans toute l'île à l'époque romaine, comme en font foi de nombreux vestiges de boucherie. À cause de la chasse, il fut en voie d'extinction au cours du XXe siècle, au point de ne plus compter que cinq individus en 1965 puis de s'éteindre complètement à la fin des années 1960. Le parc s'est donné pour tâche de le réintroduire, à partir d'individus prélevés en Sardaigne. La reproduction permet de croire en une réinstallation définitive. À moins que les braconniers...

Ci-contre : **le mouflon de Corse** – *Ovis gmelini musimon var. corsicana* –, diurne et crépusculaire, affectionne les escarpements rocheux, où il saute avec une grande agilité, et les forêts claires en hiver, entre 700 et 2 700 m d'altitude. C'est le seul mouton sauvage d'Europe. Les mâles sont solitaires alors que femelles et jeunes vivent en petits groupes menés par une vieille femelle. Véritable emblème de la montagne corse, il était pourtant en voie de régression, avant que des mesures de protection ne soient prises.

C'est à partir de Vizzavona que l'on peut gagner à pied, au long du GR 20, une série de cascades dont la plus retirée est dite **cascade des Anglais,** dans un cadre farouche ou romantique selon l'humeur. C'est qu'elles se tiennent au long des gorges de l'Agnone, inhabitées et comme à l'écart du monde, abruptes et redoutables, ou, à certaines heures, d'un charme tout à la fois rustique et bucolique.

On ne devrait pas dire **le miel de Corse** – *mele di Corsica* –, mais bien les miels de Corse, tant il en existe de crus. Dans la partie centrale de l'île, Castifao et Moltifao sont des villages bien connus pour leur tradition apicole.

L'étang de Diane est, étymologiquement, d'origine romaine. C'est là qu'avait été établi le port de guerre d'Aléria sous le vocable de la déesse Diane – *Portus Dianae.* C'est un étang lagunaire où se pratiquent ostréiculture et mytiliculture. Ses huîtres, moules et palourdes sont renommées dans toute la région. La fermeture de son goulet permet une pêche au filet de loups, de mulets et de sars.

La truite prospère dans tous les cours d'eau. L'alevinage des lacs d'altitude est effectué en hélicoptère, pour le grand bonheur des pêcheurs au lancer. Car la fario ne peut survivre que dans des eaux dénuées de pollution.

Les ruines du **couvent franciscain de Caccia**, à Castifao, bénéficient d'un site champêtre où il fait bon flâner. Des tombes portant le nom de Stuart incitent à penser que des Écossais furent enterrés là.

À l'écart du village de Sermano se dresse la petite **chapelle romane San Nicolao.** Elle est remarquable pour sa fresque aux couleurs pastel figurant le Christ en majesté entouré de la Vierge et de saint Jean-Baptiste ; elle fut vraisemblablement exécutée au cours du XVe siècle. Celle du mur méridional, peinte à la même époque, représente saint Christophe.

Entouré de vergers et dominé par les rouges aiguilles de Popolasca, **Moltifao** s'est installé sur un adret pentu, entre les vallées de l'Asco et de la Tartagine. Le village est étagé en amphithéâtre, comme un vaste fer à cheval ; des terrasses furent sans doute aménagées par les premiers occupants afin d'y enraciner de belles maisons de pierre à portes sculptées, d'ombreux passages voûtés et des clos de fruitiers et d'oliviers qui ont fait toute sa fortune. Il est marqué depuis plus de trois siècles par le haut campanile à triple étage de l'église de l'Annoncia, estimée pour ses retables, l'un du XVe, l'autre du XVIe siècle.

ROME EN CORSE

Hérodote nous apprend que ce sont les Grecs de Phocée qui s'établirent en Corse, en ouvrant un de leurs comptoirs dans l'île, en 565 avant J.-C. Quelques dizaines de milliers de Corsi, que décrivirent tout aussi bien Diodore de Sicile que Strabon ou Ptolémée, occupaient déjà les montagnes. Cette implantation phocéenne, Alalia, occupa, non loin de l'étang de Diane, un plateau dominant l'embouchure du Tavignano. La cité se développa sans encombre, jusqu'à ce qu'en 538 une ligue réunissant Étrusques et Carthaginois n'affronte les Phocéens, à la bataille navale d'Alalia. Un certain déclin de la ville s'ensuivit, en dépit de la victoire des Grecs.
En 269 avant notre ère, les Romains à leur tour, et plus spécialement Lucius Cornelius Scipio, mirent la main sur la ville – qui devint Aleria – et s'implantèrent dans l'île avant que celle-ci ne soit définitivement conquise en 111 avant J.-C. Quant à Aleria, elle fut successivement colonie militaire à partir de Sylla, véritable poste stratégique sous Pompée et Octave – elle est alors Colonia Julia –, l'étang de Diane étant converti en port militaire. Les empereurs embelliront la cité mais elle ne résistera pas à la décadence générale de l'Empire, avant de tomber aux mains des Vandales.
Cette ville typiquement romaine est tracée sur un plan orthogonal, à partir de deux grandes voies perpendiculaires – le cardo et le decumanus –, avec ses remparts, ses temples – dont l'un consacré à Jupiter capitolin –, son forum, son amphithéâtre, son aqueduc, ses thermes et son habitat, ce que les actuels vestiges montrent clairement. Sur cette même côte tyrrhénienne, plus au nord, la cité de Mariana fut également une colonie romaine influente.

L'étang lagunaire de Diane fut aménagé en port de guerre par les Romains. Ceux-ci, très friands d'huîtres, ont largement contribué à former l'île des Pêcheurs qui n'est qu'un agglomérat de coquilles.

À **Propriano,** plage de sable fin et mer émeraude invitent à la baignade.

LE SUD

Le train corse - le *trinichellu* - va de Bastia à Calvi, en passant par Corte.

Le dolmen de Fontanaccia, un des vestiges mégalithiques du sud de la Corse.

Napoléon Bonaparte a laissé de nombreuses traces dans la ville d'Ajaccio.

Le golfe d'Ajaccio est considéré comme l'un des plus beaux du monde.

Avec sa végétation luxuriante, ses plages ourlées de pins parasols, les vraies mers intérieures que sont ses vastes golfes tapissés de sable blanc, la Corse méridionale est un éden dont sont épris les plaisanciers en quête d'abris sûrs. Entre mer aux couleurs de lagon, campagnes souriantes et air embaumé du maquis, la vie semble s'y dérouler dans un ordre parfait. Pourtant, on y vit, on y aime et on y travaille, comme dans d'autres régions moins favorisées des dieux.

Le Grain de sable, à Bonifacio, semble tenir en équilibre sur la mer.

L'église Saint-Dominique, à Bonifacio, est l'un des rares édifices gothiques corses.

AJACCIO

Une cité impériale

Les Ajacciens s'enorgueillissent de leur haute origine. Ne raconte-t-on pas que la ville a été fondée par Ajax, le prestigieux héros de la guerre de Troie ? Il est vrai que des Grecs de Phocée établirent un comptoir en Corse, vers 565 avant notre ère. Mais il s'agissait vraisemblablement d'Alalia, sur la rive tyrrhénienne, et non d'Aiacciu. Il semble qu'il y eut là plus vraisemblablement, à l'origine, quelque camp romain.

Malmenée par les Sarrasins, cette première implantation fut reprise par les Génois puis passa de main en main – dont celles des rois d'Aragon –, jusqu'à celles de la France qui, sous le règne d'Henri II, fit bâtir la citadelle. Avant de repasser dans le giron de la Superbe et de suivre les vicissitudes de l'île au XVIIIe siècle.

Bien sûr, son deuxième grand homme, beaucoup moins mythique, demeure Napoléon Bonaparte. Ici, il est partout. En toge à la romaine, en Petit Caporal, en Premier consul, en masque mortuaire... Son souvenir, ainsi que celui de son encombrante famille, se lit dans sa maison natale – la Casa Bonaparte –, au musée Fesch, du nom de son oncle maternel, à la chapelle impériale, au musée du Capitellu, à la cathédrale où il fut baptisé, au Musée napoléonien, au musée A. Bandera, aux Milelli qui furent la maison de campagne familiale... Sans compter le cours Napoléon, le quai Napoléon, l'avenue du Premier-Consul, la rue Bonaparte, la place d'Austerlitz et les nombreuses artères consacrées au roi de Rome, à Élisa Bacciochi, au roi Jérôme, à Letizia Bonaparte, à Madame Mère, au cardinal Fesch, à la Grande Armée, au prince impérial, à Napoléon III, à l'impératrice Eugénie... et un hymne

Ci-contre : elle doit son nom aux arbres qui l'ornementent, la fameuse **place des Palmiers** qui accueille aussi des platanes. C'est le cœur de la ville ouvert sur le large, rafraîchi par sa fontaine et solennisé par la présence d'un Bonaparte Premier consul dû au ciseau de Laboureur. Bien sûr, elle est officiellement dédiée au maréchal Foch, mais on lui préfère son nom plus agreste.
Page de droite : **Ajaccio** peut accueillir bateaux de plaisance, de commerce, de pêche et flotte militaire.

local, *L'Ajaccienne,* qui lui rend gloire. On en oublierait presque qu'Ajaccio est aussi la patrie de Philippe-Antoine d'Ornano, le maréchal de France, de Danièle Casanova, la grande résistante morte en déportation, ou de Tino Rossi le roucoulant chanteur, entre autres... d'*Ajaccio* justement, de *Marinella* ou de *Petit Papa Noël.*

Ajaccio, toutefois, n'est pas qu'un hymne aux Bonaparte mais une ville double : l'une installée au ras des flots au fond du plus vaste golfe de Corse ; l'autre, ville haute s'élevant à la verticale en amphithéâtre au-dessus des eaux. La cité impériale, capitale de la Corse-du-Sud, est bien vivante, avec son marché quotidien, ses grands cafés, le va-et-vient des bateaux dans son port et son aéroport, le plus important de l'île. Administration, commerce et tourisme y font bon ménage.

L'ancienneté du site s'y lit dans la citadelle édifiée au milieu du XVIe siècle comme dans la cathédrale, qui renferme des trésors, notamment une toile de Delacroix, *La Vierge du Sacré-Cœur.* Le musée Fesch est un grand pôle culturel qui abrite une remarquable bibliothèque municipale et expose une extraordinaire série d'œuvres des écoles française et italienne dont les moindres ne sont pas celles de Botticelli, de Titien et de Véronèse. L'ensemble présenté est une partie de ce qu'avait rassemblé Joseph Fesch, oncle de Napoléon.

Ci-dessus : bâtie au XVIIe siècle, cette **chapelle** fut mise à la disposition des Grecs chassés de leur pays avant qu'ils ne rejoignent Cargèse.
Ci-contre : ce n'est pas pour rien qu'Ajaccio est dite cité impériale, tant **Napoléon** est partout. On ne compte plus le nombre d'effigies qui émaillent les places, les salons de l'hôtel de ville ou du palais Fesch.
Page de droite : **la tour de Capitello** veille sur l'embouchure commune de la Gravona et du Prunelli depuis près de six siècles.

ÎLES SANGUINAIRES

Piton de roc sommé d'une tour génoise solitaire, la Punta di a Parata commande le golfe d'Ajaccio face aux îles Sanguinaires, qui n'en sont éloignées que de 2 km.

Ajaccio s'ouvre largement sur le **port,** notamment de plaisance, entre la jetée de la Citadelle et celle des Capucins. Hôtel de ville, grands cafés et glaciers en font toute l'animation. Le marché forain s'y installe également tous les matins, renforçant encore l'activité du quartier.

Le marché, quotidien, attire chaque matin toute la ville. On y trouve tous les bons produits de l'île vendus à la fois par les commerçants forains et par des producteurs. Fromages, charcuteries, miel, fruits et légumes s'y étalent à l'envi. On y déguste aussi force fritelle.

Installée au fond d'un des plus beaux golfes de l'île, ouvrant sur la Méditerranée au ras des flots, **la ville d'Ajaccio** était déjà un site romain, au quartier de Castelvecchio, avant d'être investie par les Pisans au cours du IVe siècle, détruite quatre cents ans plus tard par les Sarrasins puis peuplée et développée par les Génois à la fin du XVe siècle. C'est dire si son histoire ne date pas d'aujourd'hui. Depuis, elle est devenue station touristique au cours du second Empire et à la Belle Époque avant de prendre de la hauteur en investissant les collines, s'élevant palier par palier jusqu'à sembler constituer une cité à deux étages, dont le second abrite de hauts immeubles.

Napoléon Ier naquit dans cette maison le 15 août 1769, sur un canapé exposé dans la fameuse chambre. Car **la maison Bonaparte** est un musée depuis qu'elle a été léguée par le prince Victor à l'État français.

Ce sont les plans de Viollet-le-Duc qui ont servi pour l'exécution du monument colossal élevé à Napoléon et ses frères sur **la place du Diamant.** Il y est présenté en empereur romain à cheval, flanqué de ses quatre frères en pied. Plusieurs sculpteurs ont réalisé cet énorme édifice que les Ajacciens qualifient d'« encrier », l'Empereur figurant le bouton permettant d'en soulever le monstrueux couvercle !

Construit en dix ans - de 1827 à 1837 - à l'initiative du cardinal Fesch, **le palais Fesch** est devenu un musée de premier plan. En effet, l'oncle de Napoléon avait, au cours de sa vie, réuni plus de trois mille œuvres d'art avec une prédilection pour les écoles française et italienne. S'il n'en reste que deux petites centaines, ce sont pour la plupart des œuvres impérissables. Nombre d'églises corses abritent des œuvres de cette collection, offertes par le cardinal lui-même.

Demi-frère de Letizia Ramolino et donc oncle de Napoléon, quoique de seulement six ans son aîné, **le cardinal Fesch** a profité de l'ascension de son neveu. C'est lui qui persuada le pape Pie VII de couronner l'Empereur.

UNE ASCENSION FOUDROYANTE

Tout commence avec Charles Marie Buonaparte épousant, à l'âge de 18 ans, en 1764, une adolescente de 14 ans, Letizia Ramolino. L'un est hâbleur et dépensier, l'autre est volontaire et économe. Du couple naîtront treize enfants. Trois filles et cinq garçons survécurent, dont le deuxième, Napoleone, dit rapidement Nabulio, le « touche-à-tout », né à Ajaccio le 15 août 1769 à la Casa Buonaparte, aura la carrière que l'on sait. C'est parce que son père est un panier percé que l'enfant, doté d'une bourse accordée après justification de la noblesse et de l'indigence de la famille, embarque à 9 ans pour le continent. Il part suivre, aux frais du roi, l'enseignement de l'école militaire de Brienne-le-Château, tenue par des religieux minimes. Celui que ses condisciples surnomment la Paille au nez, d'après son prénom prononcé Napoiloné, francisera son nom en Napoléon Bonaparte. Sans ce père incapable de subvenir aux soins de ses enfants, malgré la gestion droite et mesurée de sa femme, il ne serait sans doute jamais devenu ni général ni empereur et conquérant d'une grande partie de l'Europe. Général de brigade à 27 ans, il sera sacré empereur des Français à 35 ans, le 2 décembre 1804. Toute sa parentèle profitera de sa gloire, Joseph, le frère aîné, devenant roi d'Espagne, Lucien, prince de Canino, Louis, roi de Hollande et Jérôme, roi de Westphalie. Quant aux trois sœurs, Élisa Bacciochi sera princesse de Lucques et de Piombino, Pauline Leclerc, puis Borghèse, duchesse de Guastalla et Caroline Murat, reine de Naples. Son oncle Joseph Fesch sera fait cardinal et ambassadeur auprès du Saint-Siège, comte et sénateur.

Le Salon napoléonien, à l'hôtel de ville, est entièrement consacré à la famille Bonaparte. De l'acte de baptême de Napoléon au portrait de Napoléon III par Winterhalter, les souvenirs sont légion.

Fils de Napoléon Ier et de l'impératrice Marie-Louise, **Napoléon François Charles Joseph** est né le 20 mars 1811 à Paris. Héritier du trône et roi de Rome, il sera surnommé l'Aiglon et mourra en 1832.

Ci-contre : **les Milelli** sont une propriété ayant appartenu aux Bonaparte. Elle est notamment connue pour avoir abrité le jeune général, durant deux jours, à son retour d'Égypte, en compagnie de Joachim Murat et de Jean Lannes. Elle renferme aujourd'hui un petit musée d'Art et Traditions populaires.

Consacrée à Notre Dame, **la cathédrale** est un édifice de style Renaissance dû à Giacomo Della Porta qui fut architecte du pape Grégoire XIII. De nombreuses œuvres d'art l'ornementent, dont une toile de Delacroix, *La Vierge du Sacré-Cœur*. C'est sur ses fonts baptismaux que Napoléon fut baptisé, deux ans après sa naissance, en même temps que sa sœur Élisa.

À l'intérieur, **la cathédrale** renferme notamment un monumental maître-autel en marbre provenant de Lucques, qui fut offert au sanctuaire par Élisa Bacciochi, faite princesse de Lucques et de Piombino en 1805.

Tous les ans, le 18 mars, **la statue de la Madunnucia** est sortie en procession dans la ville qu'elle protège depuis plus de quatre siècles. Elle figure même en effigie dans la niche d'une maison de la ville.

C'est par la grâce du cardinal Fesch – le riche oncle de Napoléon – que fut édifiée **la chapelle impériale**, tout à côté de l'actuel musée qui porte son nom. Mais elle ne fut inaugurée qu'en 1860 par Napoléon III. Le père et la mère de l'Empereur y ont été inhumés, ainsi que deux de ses neveux et deux de ses arrière-petites-nièces. La sépulture du fastueux prélat s'y trouve également.

Celui que l'on a pu nommer le plus corse des Corses, **Sampiero Corso**, s'est efforcé, dès le XVIe siècle, de délivrer l'île du joug génois pour la rattacher au royaume de France pour un court laps de temps - de 1553 à 1559.

Enserrée entre des rochers plongeant dans la mer, **la Grande Sanguinaire** offre des plages de sable tapissant de petites anses largement ouvertes sur le large. Ce n'est pourtant pas tant pour le farniente qu'elles autorisent que l'on se rend sur l'île, mais pour marcher sur les traces d'un Alphonse Daudet que ces lieux inspirèrent. Et pour profiter d'un site classé abritant de nombreuses espèces animales et végétales.

Les îles Sanguinaires sont à voir en fin de journée, lorsqu'elles s'embrasent de tous les feux du couchant. Alphonse Daudet, qui y séjourna en 1863, s'en est inspiré pour quelques-unes de ses *Lettres de mon moulin.* De nos jours, l'ensemble du site est classé. On ne pourra toutefois pas visiter le fameux phare des Sanguinaires cher à l'auteur, car il est aujourd'hui totalement automatisé.

Val-d'Ese, à moins de 50 km d'Ajaccio, est une petite station de ski du Prunelli. Mais l'on y rencontre encore de beaux exemplaires d'habitat traditionnel, en fait des bergeries d'altitude.

SNCF
97051

TRAIN CORSE

D'Ajaccio à Corte, de Corte à Bastia, de Corte à Calvi, le train corse - le *trinichellu* -, à son train de sénateur, traverse les plus belles régions, franchissant les rivières grâce à d'ambitieux ouvrages d'art et les montagnes par des tunnels, ce qui ne le dispense pas de devoir gravir parfois des pertes de près de 30 %.

ALTA ROCCA, ROCCA, SARTENAIS

Au cœur de l'histoire corse

La région doit son nom à ses anciens et puissants seigneurs, les della Rocca, à qui appartint tout le sud-ouest de l'île. À la fin du XIVe siècle, la Corse tout entière leur fut même soumise, à l'exception de quelques places fortes génoises, sous l'autorité d'Arrigo della Rocca, qui devint comte de Corse.

Au début du XVe siècle, son neveu, Vincentello d'Istria, sera même vice-roi de Corse, sous l'égide du roi d'Aragon. Le dernier de la famille, Rinuccio della Rocca, fonda le couvent Saint-François de Santa-Lucia-di-Tallano en 1492 et lui offrit deux remarquables retables primitifs, l'un figurant la Crucifixion, l'autre une Vierge à l'Enfant. Après avoir vu tous ses proches exterminés par les Génois et traqués par eux, il se réfugia à la tour de Roccapina, qui surplombe la Méditerranée. On dit que, pour échapper à ses ennemis et ne pas subir la honte d'être fait prisonnier, il se serait jeté dans un gouffre proche.

Les premiers hommes ont apprécié l'Alta Rocca, si l'on se fie aux implantations que l'on y a retrouvées. En ce domaine, le castellu de Cucuruzzu, un complexe torréen fortifié s'apparentant aux nuraghes de Sardaigne, pourrait en être l'emblème. Mais le Sartenais voisin ne le lui cède en rien en ce qui concerne les temps préhistoriques, si l'on en croit le matériel mis au jour, au lieu-dit Pagliajiu notamment, où s'alignent en une triple rangée plus de deux cents menhirs.

Il est difficile de parler de ces vestiges de l'âge du bronze sans évoquer Prosper Mérimée. C'est lui en effet qui, en 1840, impulsa la recherche sur la protohistoire corse en publiant une description du dol-

Ci-contre : **le col de Bavella** est le domaine de la forêt de pins laricios qui se déploie vers l'est en un vaste amphithéâtre et abrite, notamment en période de reproduction, une avifaune remarquable. Venturon montagnard corse, bec-croisé des sapins, pic épeiche, linotte mélodieuse, aigle royal et gypaète barbu en sont les hôtes les plus courants.
Page de droite : fort de plus de 250 menhirs, **l'alignement de Pagliaglu** sur la commune de Sartène, est le plus important de Méditerranée.

men du Taravo, sur la commune de Sollacaro, et de statues-menhirs aujourd'hui quasiment disparues. Cependant, bien qu'il ait battu la campagne dans tous les environs, il ne releva rien sur la rive droite du Taravo, où l'on découvrit la statue du « Paladin », ni à Filitosa, l'un des fleurons du patrimoine corse. Il fallut en fait attendre l'année 1946 pour que soit révélée l'importance du monument cultuel et des statues-menhirs de ce site majeur.

On se souvient encore de Mérimée, non seulement en tant qu'inspecteur des Monuments historiques, véritable découvreur des vestiges du passé, mais surtout en tant qu'écrivain. C'est ainsi que l'on peut partir sur les traces de Colomba, sa plus fameuse héroïne, à Fozzano, village de la vallée du Rizzanèse. L'intrigue de son roman lui fut soufflée par l'histoire d'une vendetta qui concerna deux familles du lieu, les Carabelli – c'était le véritable patronyme de Colomba della Rebbia – et les Durazzo – devenus Barricini sous sa plume. L'histoire s'est déroulée en 1833, et l'œuvre fut publiée sept ans plus tard. Dans les faits, la vengeance ne se solda pas par deux cadavres, mais par quatre ! Il faut croire que l'auteur, pour faire plus véridique, n'osa pas suivre au plus près la réalité. Il est des cas, comme ici, où elle dépasse de loin la fiction. De nos jours, on peut voir la massive maison de Colomba et la chapelle funéraire où elle fut enterrée, après qu'elle fut morte de vieillesse à 86 ans.

Ci-contre : **l'élevage caprin** est omniprésent dans l'île. Le Sartenais et l'Alta Rocca n'échappent pas au phénomène.
Ci-dessus : à Fozzano, on peut voir **la maison de Colomba,** où vécut en modèle l'héroïne de Mérimée.
Page de droite : étagé en terrasses face au golfe de Valinco, **Olmeto** est un gros bourg aux maisons de granite où mourut Colomba.

Bâti en terrasses à près de 800 m d'altitude, **le village de Zonza** vit en partie du pin laricio poussant tout alentour. Outre l'exploitation des forêts de Zonza, de l'Asinao, de Bavella et de l'Ospedale, l'économie était tournée vers l'élevage, dans les hameaux des environs. On se souvient encore ici du roi Mohammed V du Maroc qui y vécut un temps en exil, en 1952-1953, à l'hôtel du Mouflon d'Or.

Zonza est un centre de villégiature très apprécié. **Sa forêt de pins laricios** n'est pas l'un des moindres attraits ; il y a également les torrents qu'apprécient les pêcheurs de truites à la mouche.

Bien abritée des vents et des embruns au fond du golfe de Valinco, **Propriano** accueille chaque année des milliers d'estivants friands de mer chaude, de sable blond et de senteurs de maquis qui viennent le disputer ici aux effluves marins. Quant à son port de plaisance, il est en plein essor.

La cascade de la Piscia du Gallu doit sans doute son nom de « pisse de coq » au fait que son étroit filet de 50 m de haut se tarit complètement en été. L'eau y a pourtant taillé des marmites de géants. Elle est peut-être le plus beau site du massif de l'Ospedale, qui pourtant n'en manque pas.

En aplomb au-dessus du Rizzanèse, le village de **Sainte-Lucie-de-Tallano** a été fameux pour son gisement de diorite. Il vit surtout de la production de fruits, de vin et d'huile d'olive.

On dit de **Sartène** qu'elle est la plus corse des villes corses depuis que Mérimée l'a affirmé. Est-ce en raison des traditions de vendetta qui ont longtemps ensanglanté la ville ? Car celle-ci fut profondément génoise avant de se rallier à la France sans état d'âme. Tout en ayant accueilli aussi bien Théodore de Neuhof, roi aventurier éphémère de Corse qui s'y installa, que Pasquale Paoli qui, lors de la consulte de 1763, rallia à sa cause bon nombre de notables.

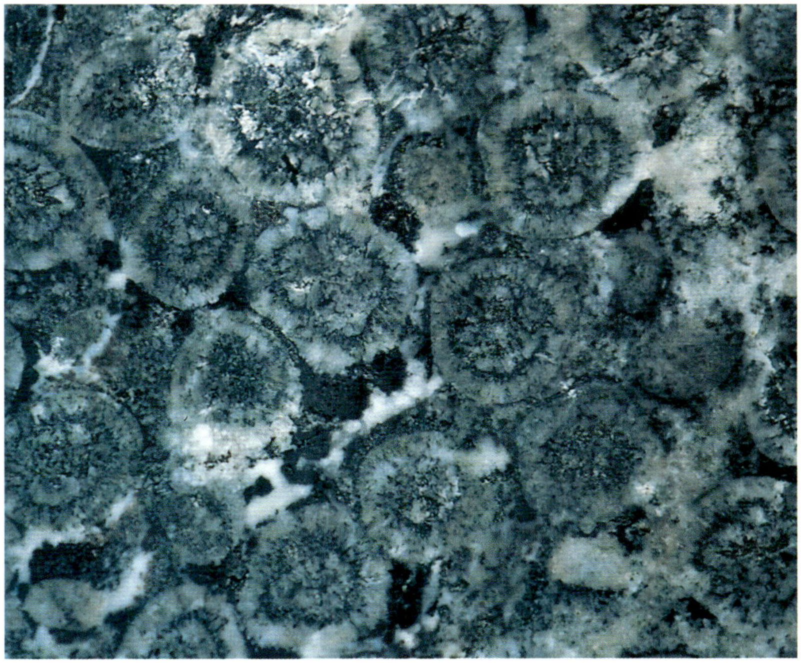

Partie intégrante du golfe de Valinco, **l'anse de Campomoro** est délimitée par la punta di Campomoro, connue pour la tour génoise qui la somme. C'est en effet la plus imposante de toute l'île, et celle qui a le mieux conservé la chemise destinée à la protéger. Le site a été classé en raison de ses paysages remarquables.

Il s'agit ici de **diorite** présentant des orbicules, ce qui confère à ce minéral un grand intérêt décoratif. Les Médicis l'ont utilisée pour l'église San Lorenzo à Florence. Depuis, on a découvert un autre filon de ce type, en Finlande. En Corse, elle a longtemps passé pour guérir, par application, les douleurs articulaires.

UNE RÉPARTITION EN ESCALIER

Peu de régions peuvent se vanter de présenter en un espace aussi restreint un tel étagement d'espèces botaniques. Celles-ci se répartissent ici du niveau de la mer – altitude 0 –, à 2 706 m d'altitude au monte Cinto, déterminant ainsi un vaste échantillon allant d'une végétation strictement méditerranéenne à des plantes alpines et nordiques coutumières de l'étage alpin.

On peut y distinguer cinq étages qui par endroits s'interpénètrent, notamment par une différenciation souvent nette entre adret, versant de vallée exposé au soleil, et ubac, son pendant à l'ombre.

À l'étage mésoméditerranéen (du rivage à 600 m d'altitude), bords de mer et étangs salins sont le domaine des plantes halophiles, tels les tamaris. À quelques pas apparaît un maquis de myrtes et de lentisques.

L'étage supraméditerranéen (de 600 à 900 m d'altitude, voire 1 200 m sur les versants au soleil) est celui des pins mésogéens, des chênes pubescents et du châtaignier planté par l'homme, avec ingérence çà et là du maquis, sur les adrets ou dans certains creux de vallée.

L'étage montagnard (de 900 à 1 650 m, et même 1 800 m en certains endroits) est dévolu à la forêt d'altitude de hêtres et de pins laricios, ainsi que de bouleaux et de sapins blancs.

À l'étage subalpin (de 1 650 à 2 100 m et jusqu'à 2 300 m selon l'exposition), l'arbre disparaît, laissant la place aux buissons, aux pelouses et aux rocs couverts de lichens.

Enfin, l'étage alpin voit apparaître les espèces d'altitude, notamment des endémiques corses ou cyrno-sardes, qui représentent à cet ultime étage près de 50 % de la végétation des adrets.

Située à l'étage subalpin, la forêt de Vizzavona laisse bientôt place à la prairie d'herbe.

Au-dessus de Sainte-Lucie-de-Tallano, sur la commune de Levie, **le castellu de Cucuruzzu** témoigne de l'ancienneté de l'implantation humaine dans la région. Ce site préhistorique de l'âge du bronze occupe un poste de sentinelle sur la vallée du Rizzanèse. Cet habitat fortifié a abrité une activité domestique et un artisanat de céramique.

C'est sans doute le plus beau monument mégalithique du Sartenais que **le dolmen - *stazzone* - de Fontanaccia.** Prosper Mérimée l'avait déjà repéré en son temps. Il est vrai que cette élégante table de pierre d'environ 1,80 m de haut ne pouvait guère échapper à son œil sagace.

Les menhirs de l'âge du bronze sont, dans le Sartenais, très souvent anthropomorphes, avec un visage bien marqué, et armés comme ici d'une épée verticale, parfois accompagnée d'un poignard.

Sur le plateau de Cauria, que parcourut en son temps Prosper Mérimée, les mégalithes sont légion. Parmi eux, serré dans un enclos de pierres sèches, **l'alignement de Stantari** comprend une série d'une vingtaine de menhirs dont un certain nombre sont armés, comme c'est également le cas à Filitosa. Stantari n'est pas un lieu-dit mais désigne, en Corse, ces statues-menhirs.

Dans la vallée du Rizzanèse, **le Spin'a Cavallu,** ou « dos de cheval », est un pont bien connu, au tablier très étroit, qui enjambe la rivière en une arche unique, en dos d'âne dit-on plutôt en français. C'est l'un de ces nombreux ponts que l'on qualifie de génois et qui fut plus certainement édifié sous l'égide des Pisans par les Corses eux-mêmes.

Le lézard tyrrhénien - *Podarcis tiliguerta* - est un reptile fréquent dans toute l'île et sur une bonne moitié des îlots satellites. C'est un endémique sarde et corse. Pour le specimen corse, il en existe même huit sous-espèces. Il est diurne et vit dans les milieux pierreux ensoleillés, les éboulis et les vieux murs.

Crépusculaire et nocturne, **l'euprocte corse** - *Euproctus montanus* - cache bien son jeu dans la journée, qu'il passe sous les pierres. Il affectionne les lieux frais, à proximité des eaux claires, lacs ou torrents.

Pas moins de vingt espèces de **chauves-souris** sont établies en Corse, de la plus grande d'Europe, la noctule et ses 50 cm d'envergure, à la plus courante d'entre elles, la pipistrelle. Qu'elle se nomme pipistrelle commune, que l'on trouve partout en Corse, pipistrelle de Kuhl, visible dans les grottes marines de Porto et de Sagone, ou pipistrelle de Nathusius, elles sont toutes protégées, et gîtent dans des grottes ou des mines, comme ici au capo di l'Argentella.

UN INSOLITE ÂGE DU BRONZE

Avec ses menhirs anthropomorphes hiératiques, aux visages énigmatiques et dont certains portent des armes, le site archéologique de Filitosa, dans la vallée du Taravo, est inusité et troublant. Qui sont les populations qui les ont dressés, et dans quel but ?
Sur place, on découvre un monument central en forme de tour, à l'intérieur duquel un sol d'argile cuite témoigne d'un emplacement où se déroulaient des feux, peut-être à destination funéraire. Alentour ont été redressées des statues-menhirs dont certaines avaient été reprises et utilisées pour conforter le mur de soutènement du monument, ce qui prouve l'antériorité de ce dernier. Le matériel recueilli incite à penser qu'il s'agissait d'un édifice cultuel ou religieux mais qui, occasionnellement, a pu servir à la défense. Ce que corroborerait la présence d'une enceinte cyclopéenne barrant l'éperon rocheux sur lequel l'oppidum est établi.
Des abris-sous-roche ayant servi d'habitat et de sépulture, des vestiges de cabanes organisées en village, la présence de polissoirs et la découverte de céramiques cardiales – du nom d'un coquillage dentelé ayant servi à décorer la poterie, le cardium – caractéristiques du néolithique ancien – entre 6 000 et 5 000 ans avant J.-C. – prouvent une occupation permanente à cette époque. À cette population pacifique, les chercheurs pensent qu'ont succédé les Torréens-Shardanes, Peuple de la mer qui aborda aussi en Sardaigne, identifiés grâce à l'allure des statues retrouvées, de leur cuirasse en chevron, de la forme de leur épée, et qui vécurent de 1 600 à 800 avant notre ère.

Édifice vraisemblablement destiné au culte, le monument central est en forme de tour – *torre* – caractéristique qui a donné son nom aux Torréens.

Cette **statue-menhir** est la plus grande et la mieux armée du site, avec sa longue épée et son poignard placé de biais. Certains avancent que ces mégalithes anthropomorphes représenteraient les ennemis morts au combat.

Ci-contre : **le site de Filitosa** englobe une période allant de 6 000 à environ 800 ans avant notre ère.

AIGUILLES DE BAVELLA

Le porphyre rose des aiguilles de Bavella, dont certaines font près de 900 m de haut, s'enflamme au moindre rayon de soleil. Elles surplombent le village de Zonza.

GOLFE DE PORTO-VECCHIO

Un avant-goût de paradis

C'est une véritable mer intérieure que le golfe de Porto-Vecchio, tant ses eaux paisibles semblent plus être celles d'un lac qu'une excroissance du grand large. Son collier végétal où dominent les pins parasols en fait un site somptueux, ce qui explique la présence de ces multiples villages de vacances qui se sont installés sur ses flancs.

L'eau transparente et à température idéale, aux teintes passant du turquoise à l'émeraude, les plages de sable fin et blanc, les senteurs résineuses et marines, la couleur flamboyante des porphyres, tout contribue à faire de ce golfe un des écrins les plus séduisants de l'île de Beauté.

La ville elle-même, campée sur un piton de porphyre rougeoyant et serrée dans les vestiges de ses remparts cantonnés de bastions, est un centre de tourisme animé en saison. À ses pieds, le port accueille les voiliers et les bateaux des plaisanciers. Le port de commerce qui exportait le chêne-liège n'est plus qu'un souvenir. Aussi sa principale activité est-elle le tourisme qui s'est emparé de ses plages paradisiaques depuis que le paludisme a été éradiqué de la côte, autorisant une implantation permanente de ses rivages.

C'est un chapelet de criques et de longues plages qui s'égrènent du nord au sud, attirant leur cortège d'estivants férus de farniente. Golfe de Pinarellu, sur lequel veille une tour génoise, baie de San-Ciprianu et golfe de Porto-Vecchio lui-même sont appréciés des vacanciers et des plaisanciers qui mouillent au moins pour la journée dans la moindre de leurs criques. La plage de Palombaggia est cependant la plus réputée pour son sable fin et blanc, ses rochers rougeoyants et son écrin de pins parasols qui constituent l'une des plus grandes pinèdes de Corse. Elle

Page de droite : anse presque parfaitement circulaire, **la baie de Rondinara** accueille une base nautique réputée.
Ci-contre : la Corse est riche de **chênes-lièges** que l'on démascle régulièrement, environ tous les dix ans.

AJ 308176

est, bien entendu, prise d'assaut en saison. Face à elle, les îles Cerbicale, inhabitées, sont le lieu de prédilection des cormorans huppés qui, plantés sur les rochers, y sèchent leurs ailes au soleil après avoir plongé pour pêcher leur nourriture.

L'anse de Santa-Giulia et son éblouissant croissant de sable blanc, puis celle de Rondinara, beau cercle presque parfait comme un lagon des antipodes, sont des mondes à elles seules. Beaucoup plus au sud, le golfe de Santa-Manza, propice à la planche à voile, s'échancre dans des roches calcaires qui annoncent déjà Bonifacio.

Le golfe de Porto-Vecchio se révèle être également un éden pour les plongeurs. Les débutants apprécient le rocher Vacca, à l'est des Cerbicale, les chevronnés préfèrent explorer l'épave gisant à l'est des îles du Toro sous les vigilants ballets des bonites. Çà et là, ils peuvent rencontrer, planté dans le sable, un coquillage d'une cinquantaine de centimètres de long, la nacre, qui a donné son nom à la côte. On le nomme aussi jambonneau ou plume de mer.

À quelques kilomètres de Porto-Vecchio, à l'orée de la forêt de l'Ospedale, le castellu d'Arragio, une colossale forteresse de granite, prouve que la région est habitée depuis les temps les plus reculés, ce site datant de l'époque torréenne, c'est-à-dire d'environ mille six cents ans avant notre ère. L'homme a toujours su débusquer les meilleurs emplacements.

Page de gauche : au bord d'un splendide golfe ourlé de pinèdes, **Porto-Vecchio** est devenu la première station touristique de l'île.
Ci-dessus : **les Cerbicale** sont cinq îlots classés en réserve naturelle.
Ci-contre : bien que minuscule, **l'anse de Fautea** n'en est pas moins exceptionnelle, dominée par sa fière et ronde tour génoise et tout environnée d'un maquis de cistes.

Les promenades en bateau constituent pour les touristes l'un des attraits majeurs de Porto-Vecchio. C'est de là qu'il faut s'embarquer pour rejoindre l'archipel des îles Cerbicale, autrefois occupées par les éleveurs qui les utilisaient pour séparer leurs troupeaux.

Tout alentour de la ville, **les plages de sable** s'étirent, tapissant le fond d'un remarquable golfe. Les touristes ne s'y sont pas trompés, qui ont fait du vieux fortin et de son port militaire la première station balnéaire de Corse et, partant, un centre commercial de premier plan.

Une légende tenace voudrait que le trésor de guerre de Rommel soit englouti dans **le golfe de Porto-Vecchio,** sous forme de caisses emplies d'or que le maréchal allemand aurait immergées ici à l'occasion de sa retraite africaine en mars 1943. Mais c'est pour ses trésors de sable et de soleil, sans une pensée pour le pactole perdu, que les touristes s'y pressent par milliers, dont de très nombreux plaisanciers dans l'abri sûr qu'est son port, sans même jeter un coup d'œil à la fière citadelle, dressée sur son roc de porphyre rose, que la ville doit aux Génois. À leur décharge, il est vrai que ses plages sont sans doute les plus belles de l'île.

Encadrée de rocs de porphyre rougeoyant au soleil, **la plage de Palombaggia** étire son sable fin en bordure de pinède, face aux îles Cerbicale. C'est un des joyaux de la côte des Nacres. Au large, classées en réserve naturelle, les îles Cerbicale sont un ensemble de cinq îlots rocheux peuplés de cormorans huppés méditerranéens qui s'y reproduisent et y nichent en colonies.

Pendant longtemps, la récolte du **corail** fut une activité de premier plan. De nos jours, les pêcheurs ont disparu mais une taillerie de corail existe encore à Porto-Vecchio.

Pêchée essentiellement de mars à juin, **l'araignée de mer** – *Maia squinado* –, qui vit en solitaire dans les herbiers ou sur les fonds rocheux, est très présente sur la côte est. On l'accommode au court-bouillon après l'avoir pêchée à l'aide d'un filet spécifique – *u tertiu* – appelé caudrette.

On accommode l'araignée de mer au **court-bouillon,** dans lequel on la jette vivante. On en extrait la chair et l'on consomme également le corail et les œufs. Elle entre aussi dans la composition d'une sauce accompagnant les pâtes, sa chair étant alors mêlée à un hachis d'oignons et d'ail mouillé de vin rouge et d'un coulis de tomates.

L'ARBRE À BOUCHONS

Dans le sud-est de la Corse, autour de Porto-Vecchio et de Bonifacio, les chênes-lièges – *Quercus suber* – forment des paysages forestiers à part. Nul ne peut ignorer ces arbres au feuillage persistant et aux troncs rugueux, noueux, fissurés, ocre rouge, bien espacés les uns des autres. Ils affectionnent les substrats siliceux, les sols profonds et meubles, les lieux chauds et humides situés non loin de la mer. S'ils sont spontanés sur l'île, il semble que les Romains en avaient déjà organisé la culture, car ils utilisaient le liège pour leurs bateaux et leurs flotteurs. Mais c'est au XIXe siècle et au début du XXe que cette exploitation connut la plus grande activité.

L'opération principale réside dans le démasclage, qui ne peut s'effectuer que sur des individus ayant déjà atteint vingt à vingt-cinq ans d'âge. Elle consiste à prélever soigneusement une première fois l'écorce, dite écorce mâle, de piètre intérêt. Il faudra de nouveau attendre une dizaine d'années pour recommencer l'opération sur une nouvelle écorce régénérée. Il s'agit alors de l'écorce femelle, la plus prisée, car de très grande qualité. Ce liège sert à la fabrication des bouchons, de quantité de petits objets et, de plus en plus, de produits utilisés dans le domaine de l'isolation, tant thermique que phonique. De nos jours, l'exploitation est réduite ici, et le liège ne sert plus qu'à la fabrication de souvenirs pour les touristes.

Dans les vieux bois de chênes-lièges non exploités, la tortue d'Hermann, très menacée, a trouvé refuge. Malheureusement, si l'arbre résiste parfaitement au feu, il n'en est pas de même du reptile qui, chaque année, paie un lourd tribut aux incendies.

Ci-dessus et ci-dessous : la seule **écorce** régulièrement récoltée est la femelle, qui met des années à se régénérer. Ici, elle était employée pour la fabrication des bouchons mais ne sert plus désormais qu'à la production de souvenirs.

Ci-contre : c'est autour de Porto-Vecchio que **le chêne-liège** est encore exploité, ce qui n'empêche pas l'arbre d'être présent au sein du maquis, où il résiste bien aux incendies en raison de son épaisse couche de liège.

La pointe de la Chiappa – *punta di a Chiappa* – qui ferme au sud le golfe de Porto-Vecchio, est signalée par son phare, face au fanal de Giovan Lungo, situé, lui, à la pointe San- Ciprianu, qui limite le golfe au nord. Les plongeurs y croisent céphalopodes, tuniciers, blennies et nudibranches à foison.

Habitat fortifié de l'âge du bronze, **le castellu d'Arragio** est, comme celui de Cucuruzzu, un témoignage de l'implantation de la civilisation dite torréenne. Enceinte à chemin de ronde, monument cultuel et vestiges d'habitat en font une véritable forteresse.

Situé à 6 km au sud de Porto-Vecchio, **le golfe de Santa-Giulia,** aux eaux d'un bleu de lagon, est l'attrait favori d'un village de vacances qui s'est installé au bord de sa superbe plage de sable fin. Dans son écrin de rocs et de maquis, elle apparaît comme l'une des plus belles plages de l'île et des plus connues, encore relativement épargnée par les grands flux touristiques. Outre le farniente, on peut y pratiquer sans problème la plupart des sports nautiques, de la natation à la plongée, de la voile à la planche, et au ski, aussi bien sur le golfe lui-même que sur l'étang séparé de la mer par une bande de sable.

Les vaches corses sont élevées de manière extensive. Il s'agit d'une race de petite taille, très rustique, que l'on dit maquise car, comme ce qualificatif l'indique, elle se contente de peu en pâturant sur les terres dégradées, les maquis et les garrigues. Son élevage s'est considérablement développé en raison des primes européennes.

Le chien corse, celui que l'on appelle le *cursinu,* est un berger de taille moyenne à la robe bringée. Ses maîtres l'utilisent tant pour la chasse que pour la garde des troupeaux ou de l'exploitation. Et il s'adapte très bien en intérieur. Il devrait être reconnu comme chien de race.

Au débouché du Tarco, la minuscule anse du même nom offre une belle étendue de sable fin sur près de 600 m de long. À l'entrée, sur le fleuve, un pont a été jeté, permettant à la route reliant Bastia à Porto-Vecchio de continuer à longer la côte. Les amateurs de sports nautiques, véliplanchistes notamment, tout comme les amoureux de somptueux paysages marins en font leur lieu de prédilection, loin de toute agglomération d'importance. Vers l'intérieur, les paysages sont aussi enchanteurs. On peut notamment voir se découper sur le ciel la silhouette caractéristique des aiguilles de Bavella.

BONIFACIO

Étrave face à la mer

Les navigateurs le savent bien. Aucun autre endroit de l'île ne leur offre un meilleur mouillage que celui de la marine de Bonifacio. Le marin le plus néophyte s'en rendrait compte de lui-même en voyant s'ouvrir, dans la monstrueuse et inexpugnable falaise blanche affouillée par la mer sur laquelle s'est implantée la citadelle, un étroit et long goulet navigable, bien à l'abri des vents et des fureurs des flots. Le lieu est connu depuis la plus haute Antiquité, et ce n'est pas peu dire.

Homère lui-même, le génial aède grec qui conta l'odyssée d'Ulysse, décrivait déjà ce havre providentiel : « Pas de houle en ce creux, pas de flot, pas de rides ; partout un calme blanc. » Bien à l'abri des flots, mais pas forcément de la frénésie des hommes. D'aucuns pensent en effet que Bonifacio serait bien ce repaire des Lestrygons « moins hommes que géants » qui détruisirent la flotte d'Ulysse ancrée au fond de la rade en harponnant les marins et en faisant rouler, du haut de la falaise, des rocs sur ses navires pour les couler. Seul le rusé Ulysse, amarré à l'entrée du goulet, put s'échapper de la nasse et poursuivre son aventureux périple.

Ce goulet est d'autant plus miraculeux que les bouches de Bonifacio, qui séparent la Corse de la Sardaigne, éloignée d'à peine une quinzaine de kilomètres, constituent une passe dangereuse au possible. Deux archipels et des centaines d'îlots et d'écueils, des vents violents pouvant souffler jusqu'à 216 km/h, en font une zone de navigation périlleuse. On n'y compte plus les naufrages, dont celui de *La Sémillante* qui défraya la chronique. Le 15 février 1855, cette frégate française de Lorient, qui faisait route vers la Crimée, s'écrasait sur les récifs des Lavezzi, faisant 773 victimes. Depuis, les Lestrygons ont disparu. Aussi la marine de Bonifa-

Ci-contre : les remparts de la ville ont été construits au ras de **la falaise.** Les maisons sont également bâties en surplomb. En raison de l'érosion permanente qui sape la roche calcaire, les services d'urbanisme de la ville doivent constamment surveiller l'état de la roche.

Le site où se tient **l'ermitage de la Trinité** a vraisemblablement servi de sanctuaire depuis la préhistoire. Il fut ensuite christianisé et accueillit nombre d'ermites. De nos jours, sa nef unique abrite des ex-voto.

Au pied de la ville haute, **la marine** s'étire au long du goulet qui réserve, depuis la plus haute Antiquité, un abri sûr aux navires. C'est un port de commerce et de plaisance, d'où l'on embarque notamment pour visiter les grottes, et également un quartier vivant où sont installés restaurants et cafés, très animés au moment de la saison estivale.

Vents et vagues ont sculpté **les falaises**, les rongeant, les façonnant en forme de proue de navire. Une avifaune remarquable y a trouvé refuge, des puffins *(Puffinus puffinuss yelkouan)* et cendré – ce dernier occupant en petite colonie l'îlot du Grain de sable, un gros bloc de calcaire détaché de la paroi –, au cormoran huppé, du goéland leucophée à l'étourneau unicolore. Ce site défensif a encore été renforcé par la construction de remparts et d'une puissante citadelle commandant la passe. Aucune forteresse n'étant inexpugnable, elle fut réduite, en 1553, par trahison. Mais elle continua d'être considérée, pendant des siècles, comme le bastion le plus sûr de Méditerranée.

cio est-elle un mouillage sûr, et les bouches sont largement ouvertes aux voiliers de plaisance lorsque le temps est serein.

Les falaises calcaires sont une des plus belles curiosités naturelles de Corse, qui s'avancent en proue dans la mer. Elles éblouirent Gustave Flaubert en son temps : « On ne saurait dire ce qui se passe en vous à de pareils spectacles ; je suis resté une demi-heure sans remuer, et regardant comme un idiot la grande ligne blanche qui s'étendait à l'horizon. » Hautes de 60 m, striées par l'érosion, elles sont truffées, notamment à la pointe de la Madonetta, de cavités – les *Camere*, les chambres – aux roches de nuances grenat et violettes où l'on pouvait voir autrefois les phoques moines mettre bas et élever leurs petits. D'autres projettent des formes étranges, telle la grotte du Sdragonato, abritent des stalactites, telle celle de Saint-Antoine, ou ne sont que pure émeraude en raison des plantes qui les tapissent, comme c'est le cas de celle de Saint-Barthélemy.

On en oublierait presque la ville dressée sur la falaise entre bouches et goulet, site défensif admirable que renforcent encore la citadelle et la ceinture de remparts. Cette ville haute est un lacis de venelles aux maisons étroites, dont certaines érigées en surplomb au-dessus de la mer, et est jalonnée d'églises et de maison nobles. À ses pieds, la marine et plusieurs ports-de commerce, de pêche, de plaisance et de voyageurs. Le premier était autrefois florissant, exportant liège, huile et vin. Il est devenu étape pour les bateaux de croisière et point de départ vers la Sardaigne. Le port de pêche ravitaille le marché local et les restaurants en langoustes et poissons de roche tandis que le port de plaisance connaît la faveur, de plus en plus grande, du public.

Ci-contre : **les rues de la vieille ville** ont conservé leur aspect médiéval. Très étroites, enserrées entre de hautes maisons, elles ont le mérite de mettre les passants à l'abri des intempéries mais sont quasi inaccessibles aux automobiles. Les arcs-boutants qui les ponctuent servent à les étayer et permettent le passage des canalisations.
Page de droite : **le goulet,** marqué d'un phare et protégé par la citadelle, fut de tout temps un havre pour les bateaux.

AQUARIUM

LA CITADELLE DE BONIFACIO

Le premier à avoir assuré son emprise sur cette formidable assise calcaire fut Boniface II, marquis de Toscane, à qui le site doit son nom et qui y bâtit un fortin dans la première moitié du IXe siècle.

Face à la loggia de l'église Sainte-Marie-Majeure se dresse **la prestigieuse maison des Podestats**. Ces derniers étaient, à Bonifacio, des magistrats génois chargés de la bonne marche de la cité et, notamment, les gardiens des clefs de la ville. Ce qui explique la présence en façade d'un blason aux armes de la république de Gênes. Ils rendaient aussi la justice, chaque semaine, sous la loggia voisine.

Avec sa porte Renaissance, **la maison du comte Cattaciolo** est l'une des plus belles demeures de la ville haute. Son principal titre de gloire est d'avoir accueilli Charles Quint du 3 au 6 octobre 1541.

Un étonnant clocher octogonal couronné de créneaux signale aux regards **l'église Saint-Dominique**. Elle a été bâtie par les Templiers au cours du XIIIe siècle, mais c'est du XVIIIe que date la majeure partie de son mobilier.

C'est par une vaste loggia lui servant de porche que l'on pénètre dans **l'église Sainte-Marie-Majeure.** Il s'agit d'un long bâtiment à charpente de bois, s'ouvrant par des arcs en plein cintre, qui a été édifié au XIIIe siècle. C'est là que les podestats rendaient la justice, là que les notaires rédigeaient leurs actes, là que se réglaient toutes les affaires. Elle est bâtie sur une citerne, qui est devenue une salle de conférences.

Ce qui distingue **la rue de la Madonetta** - *u cantu di a Madoneta* - des ruelles avoisinantes, c'est la présence de la petite madone qui lui a donné son nom. Cette minuscule statuette, sans intérêt esthétique particulier, est censée détenir, comme toutes les madonettes de Corse, un grand pouvoir protecteur.

Le *baraccone* est un petit édifice fréquent dans la région de Bonifacio. Il s'agit d'une construction en pierres sèches trouvées sur place et montées en encorbellement sans aucun mortier utiliser. Il servait d'abri pour le matériel et de refuge pour le berger ou le paysan, voire, parfois, d'habitation temporaire.

Particulièrement répandu en Corse, **le figuier de Barbarie** - *Opuntia ficus indica* - est une espèce exotique originaire d'Amérique centrale qui s'est si bien acclimatée qu'elle s'est naturalisée.

Qu'ils ne soient plus que des tours en ruine ou bien qu'ils aient fait l'objet de restauration, **les anciens moulins,** désormais sans ailes, marquent encore le Bosco, ce plateau dénudé mais qui fut autrefois couvert de beaux bosquets - d'où son nom -, de genévriers, de lentisques et même d'oliviers. Ces édifices servent aujourd'hui de remises à outils.

Dans les bouches de Bonifacio, **l'archipel des îles Lavezzi** font l'objet de règlements relatifs au mouillage des bateaux. L'ensemble de l'archipel, vierge de constructions en dehors de l'île de Cavallo, fait en effet partie intégrante de la réserve naturelle des bouches de Bonifacio qui étend sa protection sur 79 711 ha. C'est là que la frégate *La Sémillante* fit naufrage le 14 février 1855 ; aucun marin n'en réchappa.

Aux alentours de Bonifacio, ce ne sont que plages et criques encadrées de rochers et tapissées de sable blanc, de gravier ou de galets. Certaines ne sont accessibles qu'à pied ou en bateau (cap de Pertusato).

Au nord de l'archipel des Lavezzi, **l'île de Cavallo**, plate, déchiquetée et couverte d'un maigre maquis, est restée déserte jusqu'à ce que l'on y construise un ensemble touristique. Réservée depuis à une élite financièrement privilégiée, elle n'est accessible qu'aux milliardaires qui seuls ont droit d'y débarquer.

L'escalier du roi d'Aragon qui dévale la falaise aurait été creusé dans le roc en une nuit, au cours du siège de 1420, par les soldats du roi Alphonse V d'Aragon, d'où son nom. En réalité, si les habitants purent résister à ce siège, c'est parce que cet escalier menant de la ville au ras des flots leur permettait de se ravitailler.

Dans les **bouches de Bonifacio,** les plongeurs partent à la recherche des mérous, si peu farouches qu'ils les ac-cueillent comme de vieux amis. Au point que l'on appelle Mérouville un spot de plongée à l'est de l'archipel des Lavezzi.

Face à l'îlot de Piana, non loin de la pointe de Sperone, un site archéologique a été découvert au lieu-dit **Piantarella.** Ce sont des vestiges d'occupation romaine, datant manifestement de l'époque impériale. Il s'agit sans doute de la résidence d'un fonctionnaire qui ne dut pas servir longtemps, l'ensemble semblant inachevé. C'est la découverte de monnaies qui a permis de le dater.

Le cimetière marin de Bonifacio, à l'extrémité de la falaise en un lieu dénudé, dit le Bosco, est comme une ville miniature composée de mausolées et de chapelles funéraires soigneusement alignés. Il témoigne de l'attention dont les Corses ont toujours entouré leurs morts.

Les eaux ont tant affouillé le pied des falaises calcaires qu'elles ont fini par dégager des **grottes marines.** La plus renommée est celle du Sdragonato - du dragon - dont une échancrure de la roche dessine le contour de la Corse elle-même. Une autre, celle de Saint-Antoine, a la forme du célèbre chapeau de l'Empereur.

BONIFACIO

Érigée sur une assise calcaire entre un étroit goulet et les bouches de Bonifacio qui la séparent de la Sardaigne, Bonifacio, protégée de remparts qui prolongent la falaise, est un site exceptionnel, sans équivalent dans l'île.

Index

Ci-contre : bâtie entre la forêt et les terres agricoles, **la chapelle Santa Maria** à Macinaggio domine la Méditerranée.

Les chiffres en **gras** indiquent les pages où le sujet est développé ; les chiffres en *italique* renvoient aux illustrations.

A

B

C

D

E

F

G

H

I-J-K

L

M

N

O

P

Adresses utiles

Ci-contre : le pittoresque et charmant village de **Piana** bénéficie d'une vue exceptionnelle sur la Méditerranée.

Agence touristique de la Corse

17, boulevard du Roi-Jérôme - BP 19
20181 **Ajaccio** Cedex 01
Tél. : 04 95 51 77 77
Fax : 04 95 51 14 40

Parc naturel régional de la Corse

2, rue Major-Lambroschini
20000 **Ajaccio**
Tél. : 04 95 51 79 10

Infos météo

Tél. : 08 92 68 02 20

AÉROPORTS

- **Ajaccio-Campo dell'Oro**
  Tél. : 04 95 23 56 56
- **Bastia-Poretta**
  Tél. : 04 95 54 54 54
- **Calvi-Santa-Catarina**
  Tél. : 04 95 65 88 88
- **Figari-Sud-Corse**
  Tél. : 04 95 71 10 10

COMPAGNIES MARITIMES

Liaisons avec le continent *(France)*
- **SNCM** (Société nationale Corse-Méditerranée)
  Tél. : 0 836 679 600
- **CMN** (Compagnie méridionale de navigation)
  Tél. : 0 801 201 320

Liaisons avec le continent *(Italie)*
- **Corsica ferries**
  Tél. : 0 803 095 095
- **Corsica maritima**
  Tél. : 0 836 679 600

Liaisons avec la Sardaigne
- **Moby Lines à Bonifacio**
  Tél. : 04 95 34 84 94
- **Saremar à Bonifacio**
  Tél. : 04 95 73 00 96

TRAIN CORSE

- **Gare d'Ajaccio**
  Tél. : 04 95 23 11 03
- **Gare de Bastia**
  Tél. : 04 95 32 80 60
- **Gare de Calvi**
  Tél. : 04 95 65 00 61
- **Gare de Corte**
  Tél. : 04 95 46 00 97

PRINCIPAUX MUSÉES ET SITES

AJACCIO

- **Maison Bonaparte**
  rue Saint-Charles
  Tél. : 04 95 21 43 89

- **Musée A. Bandera**
  1, rue du Général Levie
  Tél. : 04 95 51 07 34

- **Musée des Milelli**
  route d'Alata
  Tél. : 04 95 22 22 13

- **Musée du Capitellu**
  18, boulevard Danielle-Casanova
  Tél. : 04 95 21 50 57

- **Musée Fesch**
  50-52, rue du Cardinal-Fesch
  Tél. : 04 95 21 48 17

ALÉRIA

- **Musée archéologique Jérôme-Carcopino**
  Fort Matra
  Tél. : 04 95 57 00 92

BASTIA

- **Musée d'Ethnographie corse**
  Palais des Gouverneurs
  place du Donjon
  Tél : 04 95 31 09 12

CORTE

- **Musée de la Corse**
  Citadelle
  Tél. : 04 95 45 25 45

- **Musée régional d'Anthropologie**
  Citadelle
  Tél. : 04 95 61 00 61

FILITOSA

- **Site mégalithique et musée**
  Tél. : 04 95 74 00 91

LEVIE

- **Musée d'Archéologie et d'Ethnographie**
  Rez-de-chaussée de l'Hôtel de Ville
  Tél. : 04 95 78 46 34 / 47 98

MOROSAGLIA

- **Musée Pasquale-Paoli**
  Maison natale de Pasquale Paoli
  Tél. : 04 95 61 04 97

SARTÈNE

- **Musée de Préhistoire corse**
  Ancienne Prison
  Rue Croce
  Tél. : 04 95 77 01 09

OFFICES DE TOURISME

- *Office municipal du tourisme*
  Place Foch, 20000 **Ajaccio**
  Tél. : 04 95 51 53 03
  Fax : 04 95 51 53 01

- *Syndicat d'initiative d'Aléria*
  R. N. 198, 20270 **Aléria**
  Tél. : 04 95 57 01 51

- *Direction office municipal*
  Place Saint-Nicolas, 20200 **Bastia**
  Tél. : 04 95 31 81 34

- *Syndicat d'initiative*
  Rue du Nouveau-Port, 20200 **Bastia**
  Tél. : 04 95 31 02 04
- *Office municipal du tourisme*
  Rond-point Noguès, 20200 **Bastia**
  Tél. : 04 95 55 96 96
- *Cala Bianca (Groupement T...*
  Lot. Cala Bianca, route La Marana,
  20290 **Borgo**
  Tél. : 04 95 33 45 41
- *Syndicat d'initiative*
  Place de la Gare, 20260 **Calvi**
  Tél. : 04 95 65 05 87
- *Office du tourisme (annexe)*
  La Citadelle, 20260 **Calvi**
  Tél. : 04 95 65 16 67
  Fax : 04 95 65 14 09
- *Office du tourisme*
  Rue du Docteur-Dragacci,
  20130 **Cargèse**
  Tél. : 04 95 26 41 31
  Fax : 04 95 26 48 80
- *Office du tourisme*
  Lieu-dit Citadelle, 20250 **Corte**
  Tél. : 04 95 46 26 70
- *Syndicat d'initiative*
  Ham. Favone, 20145 **Favone**
  Tél. : 04 95 73 22 21
  Fax : 04 95 73 23 81
- *Syndicat d'initiative*
  Route de Galéria, 20245 **Galéria**
  Tél. : 04 95 62 02 27
- *Office de tourisme*
  R. N. 198,
  20240 **Ghisonaccia**
  Tél. : 04 95 56 12 38
- *Syndicat d'initiative*
  Place Paoli, 20220 **Île-Rousse**
  Tél. : 04 95 60 04 35
  Fax : 04 95 60 24 74
- *Office du tourisme l'Alti...*
  Village, 20218 **Lama**
  Tél. : 04 95 48 23 90
- *Syndicat d'initiative de Levie*
  Sorba, 20170 **Levie**
  Tél. : 04 95 78 41 95
  Fax : 04 95 78 46 74
- *Syndicat d'initiative*
  Capitainerie du Port,
  20248 **Macinaggio**
  Tél. : 04 95 35 40 34
- *Syndicat d'initiative*
  Route de la Plage s /mn,
  20230 **Moriani-Plage**
  Fax : 04 95 38 41 73
- *Syndicat d'initiative d'Olmeto*
  Village, 20113 **Olmeto**
  Tél. : 04 95 74 65 87
  Fax : 04 95 74 62 86
- *Syndicat d'initiative O A I...*
  Quart Marinca Cannes, 20113 **Olmeto**
  Tél. : 04 95 76 19 00
- *Syndicat d'initiative*
  Place de la Mairie, 20115 **Piana**
  Tél. : 04 95 27 84 42
  Fax : 04 95 27 82 72
- *S I I C*
  Village, 20229 **Piedicroce**
  Tél. : 04 95 35 82 54
- *Office Municipal de Tourisme*
  Scaglione, 20166 **Porticcio**
  Tél : 04 95 25 01 01
  Fax : 04 95 25 06 21
- *Office municipal de tourisme*
  Scaglione, 20166 **Porticcio**
  Tél. : 04 95 25 07 02
- *Syndicat d'initiative*
  Porto Marina, 20150 **Porto**
  Tél. : 04 95 26 10 55
  Fax : 04 95 26 14 25
- *O T S I*
  Rue Simon-Mela,
  20137 **Porto-Vecchio**
  Tél. : 04 95 70 09 58
  Fax : 04 95 72 15 51
- *Office de tourisme*
  Quai Saint-Érasme, 20110 **Propriano**
  Tél. : 04 95 76 01 49
  Fax : 04 95 76 00 65
- *Office municipal*
  Cité administrative
  Sainte-Lucie-de-Porto-Vecchio
  20144 **Sainte-Lucie-de-Porto-Vecchio**
  Tél. : 04 95 71 48 99
- *Syndicat d'initiative (bureaux)*
  Bâtiment administratif,
  20217 **Saint-Florent**
  Tél. : 04 95 37 06 04
- *Syndicat d'initiative*
  Résidence Côtes Nacres Solenzara,
  20145 **Sari-Solenzara**
  Tél. : 04 95 57 43 75
  Fax : 04 95 57 43 59
- *Syndicat d'initiative*
  Rue Borgo, 20100 **Sartène**
  Tél. : 04 95 77 15 40
- *Syndicat d'initiative*
  Filitosa, 20140 **Sollacaro**
  Tél. : 04 95 74 07 64
- *S I V O M du Cavo*
  Sainte-Lucie de Porto-Vecchio,
  20124 **Zonza**
  Fax : 04 95 71 49 18

CAP CORSE
Îles de la Giraglia
Île Finocchiarola
Moulin Mattei
Rogliano
Baie de Macinaggio
Centuri
Tour de Sénèque
Marine de Porticciolo
Sisco
Marine d'Albo
Tour de Nonza
Marine de Negru
Monte Stello
Erbalunga
Brando
Golfe de Saint-Florent
San-Martino-di-Lota
Baie de Malfato
Saleccia
Patrimonio
BASTIA
Désert des Agriates
Saint-Florent
Oletta
Furiani
La Marana
Étang de Biguglia
Biguglia
Borgo
mer Méditerranée
Golfe de Calvi
l'Ile Rousse
Corbara
Sainte-Réparate
Pigna
Sant'Antonino
Aregno
Cateri
Pointe de la Revellata
CALVI
Lumio
Avapessa
Belgodère
Lama
Murato
Borgo
Notre-Dame de la Serra
Lunghignano
Speluncato
Murato
Olmi-Capella
Golo
Montemaggiore
Cassano
Mausoléo
Castifao
Campitello
Sainte-Restitude
Calenzana
Moltifao
Castello-di-Rostino
Vescovato
Loreto-di-Casinca
Golfe de Galeria
Monte Grosso
Forêt de Bonifato
Gorges de l'Asco
Asco
Santa-Maria-di-Riscamone
Valle di Rostino
Monte Sant'Angelo
Morosaglia
La Porta
Croce
Fango
Monte Cinto
Scala di Santa Regina
Monacia-d'Orezza
Réserve naturelle de Scandola
Girolata
Capo Tafonato
Calacuccia
Soveria
Piedicroce
Tour
Albertacce
Tralonca
Cervione
Golfe de Girolata
Gorges de Spelunca
Cascades de Radule
Forêt de Valdo-Niello
CORTE
Sermano
Golfe de Porto
Porto
Gorges du Tavignano
Moïta
Calanche
Ota
Evisa
Forêt d'Aïtona
Gorges de la Restonica
Capo Rosso
Pont de Pianella
Monte Tozzo
Tavignano
HAUTE-CORSE
Tour deTurghio
Piana
Lac de Capitello
Monte Rotondo
Venaco
Port d'Arone
Col de Saint-Antoine
Lac de Creno
Monte d'Oro
Vezzani
Cargèse
Vico
Forêt de Vizzavona
Cascade des Anglais
Étang de Diane
Liamone
Sagone
Golfe de Sagone
Bocagnano
Ghisoni
Golfe de la Liscia
Cascade du Voile de la mariée
Monte Renoso
Fium Orbo
Sari-d'Orcino
Étang d'Urbino
Gravona
Monte d'Oro
Prunelli-di-Fiumorbo
Punta Parragiola
Bastelica
Golfe de Lava
Val-d'Ese
CORSE-DU-SUD
Capo di Feno
AJACCIO
Tour de la Parata
Taravo
Zicavo
Pointe de la Parata
Tour de Capitello
Golfe d'Ajaccio
Santa-Maria-Siché
Monte Incudine
Îles Sanguinaires
Aiguilles de Bavella
Petreto-Bicchisano
Col de Bavella
Station préhistorique de Filitosa
Sollacaro
Zonza
Tarco
Capo di Muro
Serra-di-Scopamène
Olmeto
Castellu di Cucuruzzu
Tour
Fozzano
Levie
Cascade de la Piscia du Gallu
Anse de Fautea
Golfe de Valinco
Sainte-Lucie-de-Tallano
Propriano
Castellu d'Arraggio
Punta di Campomoro
Pont Spin'a Cavallu
Forêt de l'Ospedale
SARTÈNE
Golfe de Porto-Vecchio
Mégalithes de Palaggiu
Ortolo
Montagne de Cagna
Porto-Vecchio
Phare de la Chiappa
Dolmen de Fontanaccia
Plage de Palombaggia
Îles Cerbicale
Golfe de Roccapina
Roccapina
Golfe de Santa-Giulia
Cap de Roccapina
Lion de Roccapina Rocher
Figari
Golfe de Santa-Manza
BONIFACIO
Grotte marine du Sdragonato
Falaises
Île de Cavallo
CAP PERTUSATO
Archipel des Lavezzi